Delphine Chaumont Aïdan

LE LABO
du bonheur

La pleine conscience en famille

Illustrations : Carole Xénard

Hatier

Certifiée par l'AMT (Academie voor Mindful Teaching), méthode Eline Snel, **Delphine Chaumont Aïdan** anime des ateliers de pleine conscience depuis 2015 auprès d'enfants et adolescents dans la région Île-de-France. Elle accompagne également des enfants en individuel pour des questions spécifiques (stress des examens, anxiété, sommeil, émotions, estime de soi...).

Delphine intervient aussi dans le cadre scolaire auprès d'élèves et d'enseignants sur les thèmes de l'attention, la bienveillance et les troubles du comportement.

Coach parental, Delphine accompagne les parents vers une éducation bienveillante et responsabilisante. Formée à la discipline positive, la communication bienveillante, l'Emotional Freedom Technique (EFT), l'accompagnement des enfants avec des troubles de l'attention avec ou sans hyperactivité (TDAH), troubles de l'opposition et provocation (TOP), précoces (HPI) ; elle adapte ses outils aux besoins des enfants et des parents, dans le but d'une relation harmonieuse et constructive.

Direction : Rachel Duc
Responsable éditoriale : Caroline Terral
Éditrice : Marie Millet
Directeur artistique : Nicolas Vallet
Illustrations : Carole Xénard
Couverture, graphisme et mise en page : SKGD-Création
Chef de studio : Karine Alary
Fabrication : Cécile Labarthe

Sommaire

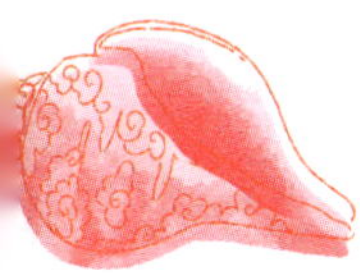

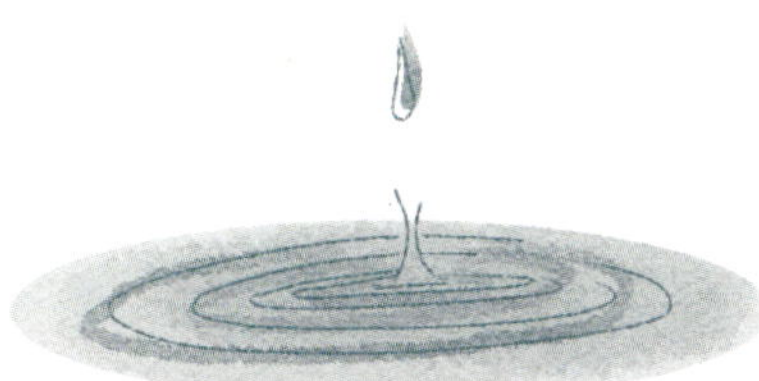

La méditation de pleine conscience, un outil de développement de l'attention

Il nous arrive souvent de dire à nos enfants de « faire attention ». Mais leur avons-nous expliqué ce que signifie ce terme et comment s'y prendre pour faire attention ? La pratique de la pleine conscience, appelée aussi *mindfulness* ou pleine présence, ou encore attention juste, permet de développer notre attention. Cet ouvrage propose une approche ludique pour inviter les enfants à être **pleinement présents** et à **grandir en conscience**.

D'OÙ VIENT LA MÉDITATION DE PLEINE CONSCIENCE ?

Les premières références à la méditation remontent à 5 000 ans avant notre ère dans la péninsule indienne. L'art de la méditation se pratique dans l'**hindouisme** et le **jaïnisme**. Mais elle fut particulièrement développée il y a environ 2 600 ans par Siddhārta Gautama, surnommé Shakyamuni (sage des Sākyas – une tribu du nord de l'Inde), connu aujourd'hui comme **le Bouddha**. Les conditions de vie de ce Sākyas devaient le mener vers de hautes responsabilités pour sa communauté, mais le sort en aurait décidé autrement.

Le bouddhisme aurait inspiré des penseurs occidentaux comme Friedrich Nietzsche et Arthur Schopenhauer. Mais il a réellement pénétré l'Europe et la France vers les années 1960-1970, quand un grand nombre de moines se sont enfuis du Tibet lors de son annexion par la Chine.

La légende de Gautama

La légende raconte que Siddhārta Gautama vivait dans l'opulence de son palais, sans aucun contact avec l'extérieur, jusqu'au jour où il en sortit et fit quatre rencontres qui lui firent prendre conscience de la souffrance humaine :

- une personne très âgée qui lui fit découvrir l'effet néfaste du temps sur le corps humain ;
- un malade dont le corps souffrait de façon chronique ;
- une dépouille que l'on menait à la crémation ;
- et un ermite qui lui montra les voies de la sagesse.

À partir de ce jour, Gautama renonça à son titre et à sa vie confortable et démarra une vie d'ascèse afin de méditer sur la souffrance humaine et y trouver un remède. Il rencontra différents maîtres spirituels qui le nourrirent de leurs enseignements.
Les courants religieux prônaient la non-violence, la non-possession et le non-attachement. La vie d'ascèse consistait en une **pratique spirituelle** faite de rites religieux (prières, offrandes), de Yoga et de méditation, et impliquait de sévères privations. Ces dernières mirent en danger la vie de Siddhārta Gautama. Convaincu qu'il devait exister un juste milieu entre la dureté du renoncement et l'opulence, une voie médiane, Gautama s'éloigna de ses maîtres, accepta de se nourrir de nouveau et choisit de se consacrer à la méditation. Après six ans de quête et une nuit entière de méditation pendant laquelle il aurait combattu ses démons intérieurs, il aurait compris la nature et les causes de la souffrance humaine et la manière de l'éradiquer. Gautama aurait donc atteint le « bodhi » (*éveil, révélation, connaissance parfaite* en pali). Il enseigna sa méthode, en précisant à ses disciples qu'il n'était ni un dieu ni un messager de dieu et que ***l'éveil*** pouvait s'atteindre grâce à **un processus mental qui consiste à porter attention à la nature de l'esprit humain.** Son enseignement (le dharma) ne fait référence à aucun dieu ; l'homme est le seul maître de son destin. Peu après la mort du Bouddha, ses premiers disciples (Ananda, Upali et Mahakashyapa) fondèrent le **bouddhisme.** Depuis, ce courant s'est développé et a donné naissance à différentes branches : l'école Mahayana présente en Chine, Corée, Vietnam et Japon donnera naissance au **Zen** ; les écoles au Cambodge, Laos, Thaïlande, Sri Lanka, Birmanie formeront le Theravada, puis le Vajrayana (boudhisme tantrique) qui s'étendra de la Mongolie au Népal, en passant par le Tibet.

DIFFÉRENTES FORMES DE MÉDITATION

En dehors de l'hindouisme, du jaïnisme et du bouddhisme, nous retrouvons la pratique de la méditation, dans le **soufisme**, une branche de l'islam. La Mouraqaba (*observation*), appelée aussi « exercice de vigilance » est une pratique de méditation. Le méditant doit concentrer son attention sur un **point unique**, souvent le Cheikh (le Maître soufi). Les conditions (pénombre, silence) et la posture (à genoux, les yeux fermés, les mains posées sur les jambes, la respiration sous contrôle...) ont pour but de parvenir à ce qui est appelé l'état d'effacement ou « absence du monde des sens », ou encore l'état le plus élevé : « l'extinction ». Des exercices similaires au Yoga seraient également présents dans les rites soufis et dans ceux de populations musulmanes d'Inde.

De nos jours, la méditation est de plus en plus pratiquée de façon **laïque** et **thérapeutique** mais aussi comme activité de bien-être, de développement personnel ou de philosophie de vie. On retrouve son empreinte dans les sagesses et les techniques suivantes :

- **Le Yoga** (*jug* en sanskrit - *mettre ensemble, joindre, relier*), qui comprend des postures ancestrales, des exercices de respiration et des moments de méditation, est largement répandu en occident et n'a plus de lien avec la religion.
- **L'hypnose,** qui était utilisée dans des rituels chamaniques, puis dans la Grèce antique, et enfin en Europe et aux États-Unis à la fin du XVIIIe siècle, consistait à guérir le patient par la transe. Puis Milton Hyland Erickson, psychiatre américain, mit en place une approche plus participative pour le patient. L'hypnose donnera naissance par la suite à plusieurs techniques psychothérapeutiques : la relaxation, la sophrologie, la PNL[1] et l'EMDR[2].
- Enfin, **la pleine conscience** développée dans les années 80, par le scientifique américain Jon Kabat-Zinn qui a mis au point un protocole destiné à surmonter le stress, l'anxiété, la douleur ou la maladie. Il s'agit d'une méthode laïque inspirée du Yoga et de la philosophie et méditation bouddhistes. Elle s'intitule MBSR (*Mindfulness Based Stress Reduction* – réduction du stress par la pleine conscience). Cet ouvrage s'inspire de cette méthode et de celle d'Eline Snel, adaptée aux enfants.

Qu'est-ce que la pleine conscience ?

C'est la conscience qui se manifeste lorsque l'on porte intentionnellement attention sur l'expérience du moment présent, sans porter de jugement sur ce qui se présente à nous et sans chercher à le modifier.

Il convient donc ici de s'attarder sur le terme attention : il s'agit de la fonction mentale qui permet de fixer notre esprit sur un objet choisi. La nature de l'attention étant volatile et très réactive à la stimulation, elle nécessite un effort pour la maîtriser et de l'entraînement.

La pleine conscience consiste en un **entraînement régulier** avec des exercices de méditation formelles et une mise en pratique dite informelle.

1. Programmation Neuro-Linguistique, Richard Bandler et John Grinder
2. Eye Movement Desensitization and Reprocessing

LA PRATIQUE FORMELLE

Il s'agit là d'exercices expérientiels guidés oralement qui requièrent de l'intention : la volonté de s'asseoir, ou de s'allonger, et de faire l'exercice sérieusement. Il est préférable de méditer dans un espace calme, à l'abri de toute distraction, les yeux fermés. Notre attention devient alors l'œil de notre esprit et nous le dirigeons où la guidance nous mène. Le tintement d'un bol tibétain ou des clochettes tingshas annonce le début et la fin de l'exercice.

La méditation se pratique de préférence dans **une position assise sur un coussin**, en tailleur, ou lotus pour les plus aguerris, ou sur une chaise, les pieds au contact du sol et le dos droit décollé du dossier, ou encore allongée pour des exercices de scan corporels. La position doit être confortable pour permettre une **relaxation profonde** et durable. Il ne s'agit pas de s'endormir ni de se reposer. La posture doit donc permettre de maintenir l'éveil de la conscience. Au début, les exercices nous guident vers un **voyage intérieur**. Ainsi, nous apprenons le fonctionnement de notre monde intérieur pour ensuite mieux nous ouvrir à ce qui nous entoure. Nous allons donc explorer progressivement les multiples facettes de notre intériorité en passant par cinq points d'attention : notre respiration, notre corps, nos sens, nos émotions et nos pensées. Attardons-nous-y quelques instants.

1. La respiration

Notre cerveau a besoin que la cible de notre concentration soit mouvante. La **respiration** est la cible mouvante la plus pratique que nous avons toujours à notre portée et elle nous donne également de précieuses informations sur notre état physique et émotionnel. De plus, son mouvement lent et fluctuant a la faculté de nous apaiser. Enfin, notre respiration nous relie à notre corps par les mouvements qu'elle génère dans notre cage thoracique et notre paroi abdominale. Elle est, de ce fait, un guide fiable pour un voyage intérieur, notre fil d'Ariane. Il n'est pas facile de maintenir notre attention sur les sensations du souffle. Nous nous apercevrons que **notre esprit se laisse facilement distraire** par des stimuli internes ou externes. C'est ainsi qu'il fonctionne. Le but de ce type d'exercice est de s'en rendre compte et de revenir à chaque fois à notre respiration, tranquillement, sans se juger parce que notre attention s'est échappée. C'est ce va-et-vient d'une distraction à notre souffle qui muscle notre attention et ainsi améliore la concentration.

2. Le corps

Notre corps communique avec nous par des **sensations**. Parfois pour nous alerter d'un danger (brûlure), d'un besoin (paupières lourdes quand il est temps de dormir), ou de la présence d'une émotion (la gorge serrée). Si nous ne portons pas attention à ces signaux, nous passons à côté de nos besoins, nous ne prenons pas soin de nous. Et cette absence à nous-mêmes peut avoir de lourdes conséquences physiques, émotionnelles et mentales. Les exercices **d'exploration des sensations corporelles** sont précieux pour apprendre à mieux communiquer avec notre corps et à prendre soin de lui. C'est un premier pas vers la bienveillance.

3. Les sens

Les enfants se servent de leurs sens pour comprendre leur environnement et s'y repérer. C'est une faculté naturelle des espèces animales. Mais au fur et à mesure du développement de leur cerveau et de l'apprentissage des mots, ils acquièrent cette mauvaise tendance à étiqueter les choses et perdent donc leur instinct naturel et leur curiosité. **Cultiver nos sens** nous permet d'être dans la rencontre de chaque chose. Goûter, sentir, toucher, regarder, entendre, en prenant le temps de le faire vraiment, nous permet d'être véritablement présents et **profiter pleinement**. Et se servir de nos sens sans nommer, sans qualifier (« j'aime/j'aime pas, c'est agréable/désagréable »), sans juger (« ça sent mauvais »), sans comparer (« ça me fait penser à »), a pour effet de supprimer de nombreux filtres. Cela permet également de ne pas donner systématiquement un caractère binaire aux choses qui nous entourent liées au plaisir ou au déplaisir.

4. Les émotions

Six émotions primaires ont été répertoriées : la **joie**, la **peur**, la **tristesse**, la **colère**, la **surprise** et le **dégoût**. Elles sont présentes en nous depuis la nuit des temps, dans toutes les cultures. Elles se manifestent dans notre corps par des sensations propres à chacun et des signes corporels extérieurs, notamment au niveau du visage, qui nous permettent de comprendre ce que les autres ressentent. Une émotion est très souvent la **porte-parole d'un besoin**. Classiquement, la peur peut traduire un besoin d'être rassuré ; la colère, celui de réparer une injustice ; la joie indique un besoin de partage, la tristesse reflète le besoin de digérer un événement, en s'isolant ou en cherchant le réconfort. Le dégoût permet de nous protéger d'aliments mauvais pour la santé. Enfin, le réflexe primitif de figement produit par la surprise a probablement sauvé quelques-uns de nos ancêtres d'une mort certaine, en cas d'attaque par des animaux.

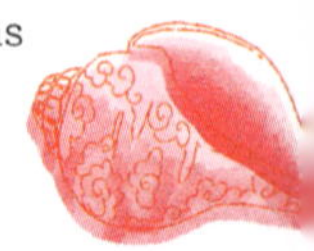

Si notre système limbique (émotions) a pour mission de nous alerter d'un danger ou d'un besoin, c'est notre amygdale qui se charge d'analyser la gravité de la situation. Mais souvent, elle se trompe et donne les rênes à notre cerveau reptilien, qui lui, va enclencher des moyens de défense (attaque, fuite ou inhibition), comme s'il y avait un réel danger. Nous pouvons agir plus raisonnablement quand l'amygdale a relayé l'information à notre cortex préfrontal. Mais chez les enfants, cette partie du cerveau est loin d'être achevée. C'est pour cela que leurs émotions sont parfois exacerbées. Quand une émotion se manifeste, il est important d'aller à sa rencontre. Pour l'apprivoiser, il nous faut lui accorder toute notre attention en ressentant les sensations dans notre corps, un peu comme si nous lui disions : « Merci, je vois ce qui se passe en moi, je prends le relais. » Et rester un moment à ressentir les sensations, puis essayer d'identifier l'émotion et observer les pensées que cette émotion engendre. Si **comprendre** nos émotions permet de satisfaire nos besoins, les **exprimer** est la clé d'une communication bienveillante[3]. Pour apprendre aux enfants à exprimer leurs émotions et leurs besoins, il nous faut exprimer les nôtres.

5. Les pensées

Notre cerveau est une usine à pensées, il en fabrique environ une toutes les secondes. C'est un phénomène normal que l'on ne peut stopper, tellement habituel que l'on n'y fait plus attention. Parfois, nous nous laissons happer par nos pensées et sommes donc absents à nous-mêmes ou à ce qui se passe à l'extérieur. Et la plupart des fois, comme nous oublions qu'il ne s'agit que de pensées, du **bavardage de notre esprit**, nous fusionnons avec elles et les confondons avec la réalité. La pratique formelle nous invite à remarquer l'apparition de pensées et revenir à chaque fois à notre objet d'attention pour nous entraîner à ne pas les suivre systématiquement. Nous pouvons aussi prendre le temps de les **observer** pour comprendre s'il s'agit d'une projection dans le futur, d'une rumination, d'une interprétation ou d'un fait, d'un jugement, d'un souvenir, d'une réflexion, d'une recherche de solution, d'autodénigrement, d'une injonction... Forts de cet entraînement, nous pourrons dans notre quotidien décider de suivre une pensée si elle est constructive ou de ne pas la suivre si elle est limitante, négative ou si elle nourrit une émotion désagréable.

LA PRATIQUE INFORMELLE

Cette autre façon de pratiquer consiste à mettre plus de conscience et de présence dans notre quotidien. Elle est particulièrement adaptée aux plus jeunes.

3. La Communication non violente (CNV) - Marshall Rosenberg

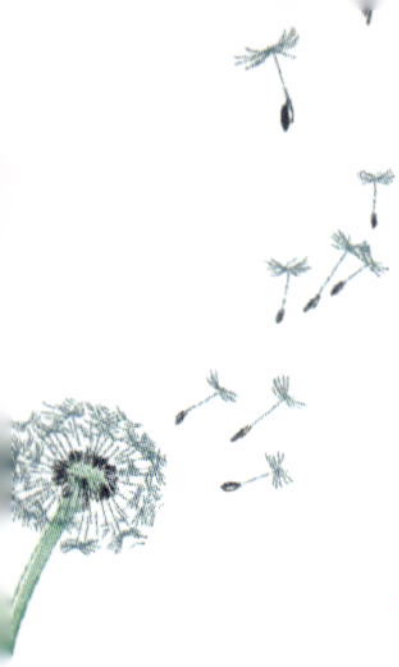

Pour mettre en place plus de présence, nous pouvons inviter nos enfants à faire des **pauses régulièrement** et pratiquer des **exercices de courtes durées** pour revenir à eux-mêmes.

- Parfois **leur proposer de ralentir** peut suffire à mettre plus de conscience dans ce qu'ils font. Les inciter à ne **faire qu'une chose à la fois** leur permettra d'être plus concentrés. Par exemple manger une fraise et ne faire que ça. Nous pouvons aussi leur proposer d'observer le chemin au lieu d'avoir les yeux rivés sur l'objectif à atteindre.
- Nos enfants, mais c'est valable pour nous aussi, peuvent mettre en place des **schémas cognitifs**[4]. Par exemple, certains enfants exigeants peuvent « refuser l'obstacle », abandonner sans même essayer par peur de commettre une erreur, de ne pas être « parfaits » du premier coup ! **Un questionnaire exploratoire** peut les aider à en prendre conscience et ainsi à détricoter ce qu'ils ont construit. Nous pouvons les questionner sur leurs pensées qui se présentent dans l'instant, leur tendance à réagir à ces pensées, à les croire, à leur obéir. Nous pouvons les inviter à aller à la rencontre des émotions que ces pensées ont créées, à les identifier. Et si l'émotion prend toute la place, il peut être utile de démarrer l'exploration par elle. Une fois l'émotion apprivoisée, nous pourrons les inviter à **réfléchir à ce dont ils ont besoin**.

Au fil de la pratique, nous nous apercevrons que tout est lié et poreux. Le rythme de notre respiration évolue en fonction de l'intensité de nos émotions. Nos émotions donnent naissance à des pensées et inversement. Nous ne pouvons être bienveillants envers les autres sans l'être envers nous-mêmes. Pour accueillir sereinement et avec clairvoyance les stimuli externes, il nous faut être en lien avec notre intériorité. La relation se fait de soi à soi, de soi vers l'autre, de l'autre vers soi. Notre environnement est également en lien avec nous, alors veillons à protéger la nature, notre berceau.

Pourquoi méditer en famille ?

Notre mission de parent est de veiller à ce que nos enfants deviennent autonomes et responsables, qu'ils aient la matière et les cheminements nécessaires pour s'élever. Dans un monde où tout s'accélère, où les distractions sont de plus en plus nombreuses, l'offre et la connexion illimitées, où le digital a supprimé les frontières mais aussi les barrières de protection, où la performance, la compétition et l'exigence sont omniprésentes, **la maîtrise de leur attention et donc la clarté de leur esprit** leur seront d'une grande utilité. Conscients du

4. Aaron T. Beck et Jeffrey E. Young

monde qui les entoure et de leurs tendances, leurs schémas de pensées, leurs forces et ressources, ils auront **la liberté de choisir** ce qui est réellement bon pour eux. Être conscient permet d'être responsable.

Pour accompagner au mieux nos enfants, il peut être également enrichissant de connaître quelques notions sur le fonctionnement de notre cerveau.

- **Notre cerveau est programmé pour voir et retenir les menaces et le « négatif »**. Il est donc important de s'efforcer de voir le positif pour compenser cette tendance naturelle.
- **Des neurones miroirs** nous font vivre inconsciemment l'expérience de ceux qui nous entourent. Nos enfants apprennent donc en nous observant et nos émotions déteignent sur eux et vice versa.
- **Notre cerveau a la capacité de se mettre sur le mode « pilotage automatique »**. C'est pratique pour ne pas avoir à réapprendre chaque jour, mais ce mode que l'on utilise de plus en plus souvent, parce qu'il nous permet de faire plusieurs choses à la fois, nous empêche de vivre l'expérience. En être conscient permet de reprendre le contrôle de notre vie.
- Plus que l'événement en lui-même, c'est **notre perception** de celui-ci, au travers du filtre de nos émotions, qui formate notre cerveau. C'est pour cela qu'il est important de s'intéresser aux émotions, bien plus qu'à l'événement, **et inciter nos enfants à les exprimer**, qui signifie littéralement : faire sortir (ici... du corps, du cerveau).
- **Notre cerveau est « plastique »**. Cela signifie que rien n'est figé, que l'on peut le modeler (presque) comme nous le souhaitons.

Et maintenant, commençons l'aventure par un conte initiatique qui devrait plonger les enfants dans l'expérience par l'imaginaire et poursuivons par une mise en pratique.
Les exercices proposés dans ce livre ont pour but de mettre en place une nouvelle philosophie de vie. Les pratiquer une fois pourrait susciter la curiosité des enfants et l'ouverture d'esprit. Mais c'est la répétition qui mettra en place des automatismes pour plus de naturel.

Belle découverte !

Dahoé ou la magie du souffle

Voici l'histoire de Dahoé, une fillette âgée de dix ans. Son prénom signifie *reflet de Lune* en tibétain. Ses parents l'ont appelée ainsi car elle est née un soir de pleine Lune particulièrement brillante.

Dahoé vit dans un village des hauts plateaux du Népal, à la frontière de l'Inde et du Tibet, au cœur d'une nature luxuriante.

Notre héroïne aime les livres, surtout ceux qui lui permettent de voyager et de vivre une aventure. Assise à l'ombre d'un arbre, la fillette aime se plonger dans un livre, puis *fermer les yeux* et imaginer toutes les suites possibles. C'est ainsi qu'elle se sent bien : *au milieu des animaux, des arbres, des livres,* davantage qu'avec les enfants de son village.

Indira, sa maman, lui a appris le rangoli, l'art du dessin avec de la poudre. Les motifs s'effacent au gré du vent et du passage des habitants. C'est leur courte durée de vie qui les rend si précieux. Dahoé s'amuse souvent à dessiner sur le seuil de la porte des villageois *un mandala* composé de fleurs ou de formes géométriques. Elle trace les contours avec de la poudre de riz, puis remplit l'intérieur avec des pigments naturels. À la couleur se joint l'odeur du curcuma, du piment, du curry et d'autres épices. Ses dessins éphémères sont sa façon à elle de partager sa joie avec les habitants du village.

Dahoé va à l'école du village où elle apprend les lettres, les chiffres, la philosophie et la vie de la Terre. Cette année, un nouvel élève est arrivé. Il se prénomme Anil, ce qui signifie « vent » en tibétain. Ce prénom lui convient parfaitement : *comme le vent,* il va et vient, se faufile partout et semble *infatigable*. Dahoé a un peu le tournis de le voir bouger ainsi sans s'arrêter. Lorsque le maître pose une question, Anil ne peut attendre d'être interrogé : il donne une réponse à la vitesse de l'éclair. Parfois, il se trompe car il n'a pas pris le temps de réfléchir. Les autres élèves sont agacés. Eux aussi aimeraient être interrogés et félicités d'avoir bien appris la leçon. Chaque jour, les enfants apportent leur repas dans un bento. Mais la plupart du temps, Anil a dévoré son contenu avant la pause du déjeuner. Alors, quand vient la distribution du goûter, il a tellement faim qu'il bouscule les autres pour être servi en premier. Ses camarades sont de moins en moins patients avec lui. Bien sûr, ce n'est pas drôle d'être le nouveau, mais cela n'excuse pas tout ! Ainsi, *Anil se retrouve seul* lui aussi, malgré les efforts qu'il fait pour se rendre aimable.

Dahoé s'aventure tous les jours au cœur de la forêt ; elle s'y sent bien, à l'abri. Elle aime les odeurs des feuilles mortes qui tapissent le sol et de la résine des cèdres noirs ; les parfums des fleurs et des champignons. Elle aime s'allonger dans l'herbe et rester des heures là, à *contempler le ciel* avec les nuages qui passent et les oiseaux qui volent. Parfois une libellule, une coccinelle ou un scarabée doré viennent se poser à côté d'elle. La fillette aime aussi grimper aux arbres. Elle monte tout en haut, s'assoit sur une branche et *contemple le paysage* : les arbres et leur camaïeu de verts au printemps ou d'ors et de rouges en automne, le lac d'un bleu profond qui s'étend dans la vallée. Son monde à elle est fait de formes colorées, d'un millier de notes parfumées, d'une multitude de saveurs et des sons de la forêt.

De son côté, Anil préfère courir dans les collines. Pour se hisser au sommet, il met toute sa force dans ses jambes et s'aide de ses bras pour contrer le vent. Son corps est aussi tendu qu'un arc. Il est rempli d'énergie. Le jeune garçon adore *se fixer des défis* : courir plus vite, sauter plus haut, nager plus loin ou plus en profondeur. Lorsqu'il arrive près du lac, il aime faire des ricochets sur la surface bleue et calme de l'eau. Il compte les rebonds en espérant battre son record de la veille. Cela devient de plus en plus difficile. Anil aime aussi grimper aux arbres. Il ne peut s'empêcher de monter très vite et de *prendre des risques*. Mais à cela, il ne pense pas. *Il vit dans l'instant* et ne réfléchit pas aux conséquences. C'est ainsi qu'il est heureux, au contact de la nature.

Avant d'arriver dans le village de Dahoé, Anil vivait en ville, dans un appartement. Il y faisait si chaud que les fenêtres restaient toujours ouvertes. Les rues étaient très bruyantes : on pouvait entendre les véhicules à moteurs circuler à grande vitesse et klaxonner sur leur passage. Les vendeurs ambulants vantaient leurs produits à l'aide de porte-voix. Des enseignes néons diffusaient une lumière colorée, vive et changeante avec un grésillement constant. Aussi loin que son regard se posait, Anil voyait des panneaux publicitaires qui faisaient la réclame de produits que sa famille ne pouvait acheter faute d'argent. Dans sa ville, les citoyens se pressaient pour aller au travail ou à l'école, pour manger, pour rentrer dormir. Ils couraient sans arrêt, comme les hamsters dans leur roue. La nature, les balades, les exercices physiques qu'Anil fait au grand air l'apaisent. Il a l'impression qu'ici, sur les hauts plateaux, *le temps est ralenti.*

Fin du premier épisode

Le pouvoir du souffle

Un jour, Dahoé et Anil se retrouvent nez à nez dans la forêt. Surprise, la fillette fait un pas de recul, mais Anil lui tend la main et l'entraîne dans les bois. Les enfants jouent à se mesurer dans une course effrénée. Dahoé ne veut pas laisser un garçon de la ville gagner sur son propre terrain ! Alors, elle court plus vite encore. Au bout d'un moment, tous deux s'arrêtent à bout de souffle, hilares. Mais lorsqu'ils observent autour d'eux les arbres et les chemins tous semblables, *ils ne reconnaissent pas les lieux*. Inquiets, les enfants cherchent à revenir sur leurs pas : ils prennent un chemin puis font demi-tour. Ils courent, puis ralentissent le pas. Ils finissent par tourner en rond. Leur course les a amenés trop loin dans la forêt.

Leur cœur s'accélère, leurs jambes tremblent. *Des petites voix dans leur tête* murmurent qu'ils se sont perdus, qu'ils n'arriveront jamais à retrouver leur chemin. Peut-être vont-ils devoir passer la nuit dans la forêt ? Peut-être les villageois vont-ils venir à leur recherche ? Mais réussiront-ils à les trouver ? Plus ils entendent ces murmures, plus la peur grandit en eux et plus ils ont envie de fuir. Mais pour aller où ? Ils ne savent pas. Dahoé et Anil décident de marcher au hasard.

Leurs pas les mènent dans une clairière. Un faisceau de lumière éclaire un arbre géant, un de ces banyans que l'on trouve dans la région. Mais celui-là est immense. Attirés, les enfants s'en rapprochent. Et, à leur grande surprise, *ils découvrent un homme* assis là, près du tronc. Il porte un tissu drapé orange pour tout vêtement. Pieds nus, dans la position du lotus, l'homme est immobile, les yeux fermés. Il ne semble pas dérangé par l'arrivée des enfants. Sans bouger, le vieil homme leur propose de s'asseoir à même le sol. Puis il ouvre les yeux et se présente.

« Bonjour les enfants, je suis Jangbu, le maître des Sakyas. Que se passe-t-il en vous ? »
Anil, comme à son habitude, parle à toute vitesse pour raconter leur mésaventure. Le vieil homme l'écoute en conservant le silence.
« Asseyez-vous et reprenez votre souffle. »
Le maître des Sakyas fait tinter *des petites clochettes*. Anil et Dahoé ressentent *des vibrations* dans tout leur corps.
Dahoé imite la position du maître, le dos droit, les mains posées sur ses cuisses. Anil serre ses genoux contre lui, il tremble encore. Jangbu, les yeux à demi-clos, invite les enfants à *respirer*.
« Prenez une autre forte inspiration et *sentez l'air* entrer dans votre nez puis votre cage thoracique se gonfler. Ensuite soufflez et sentez votre corps se vider de cet air. Recommencez et sentez le mouvement de l'air dans votre corps. Maintenant, laissez la respiration se faire d'elle-même, sans forcer, et observez-la. »

Anil commence à s'agiter. Cet exercice n'est pas confortable et il ne résout pas leur problème. Il s'apprête à se lever mais lorsqu'il ouvre les yeux, il aperçoit Dahoé aussi calme et immobile que le maître Jangbu. Elle semble avoir oublié qu'ils sont perdus. Elle a l'air serein. Alors, le jeune garçon décide de s'asseoir comme eux : les jambes en tailleur, le dos droit, la tête haute comme si un petit fil la tirait vers le ciel. En effet, la différence est importante, ainsi assis. Cette position libère *le passage du souffle*. Anil ferme les yeux pour mieux se concentrer sur sa respiration. Il reste là un moment, sans bouger. Il suit le doux mouvement de sa respiration. Il s'apaise lui aussi.

Puis le maître fait tinter les clochettes de nouveau et demande aux enfants ce qui se passe maintenant en eux. Les enfants ouvrent les yeux et voient le banyan devant eux. Leur regard se pose sur son immense tronc et monte jusqu'à sa cime.
« Je sais comment rentrer chez nous ! s'exclame Dahoé. Je vais grimper tout en haut de cet arbre pour repérer le village. »
Anil aide Dahoé à escalader le banyan. Elle n'a pas fait trois mètres qu'elle aperçoit déjà le village. Les enfants remercient le maître des Sakyas. Ils vont pouvoir rentrer chez eux le cœur léger. Ce jour-là, Anil et Dahoé ont découvert *le pouvoir du souffle*. Lorsqu'une forte émotion, comme la peur, s'empare d'eux, il leur suffit d'observer leur respiration avec attention et ainsi, ils retrouvent *leur calme* et *leur capacité à réfléchir*.

Fin du deuxième épisode

Les signaux du corps

Après une bonne nuit de sommeil et une journée d'école, Anil et Dahoé décident d'apporter au maître des Sakyas une paire de chaussettes qu'ils ont tricotée pour lui tenir chaud pendant l'hiver. Tout excités à l'idée d'offrir leur cadeau, ils se précipitent vers la forêt une fois leur travail achevé. Mais ils courent si vite qu'Anil trébuche sur la souche d'un arbre et se blesse au genou. Ils arrivent difficilement, en clopinant, dans la clairière du banyan où se tient assis Jangbu.

D'un geste lent, le sage invite les enfants à prendre place à côté de lui. Mais Anil montre sa blessure et lui dit qu'il ne peut s'asseoir car son genou lui fait trop mal.

C'est alors que le vieil homme propose à Anil d'*écouter ses pensées*.

« Que te dit ta tête, cher enfant ?

– Elle me dit que j'ai trop mal et que je vais me faire encore plus mal en m'asseyant.

– Et que te dit ton genou ?

– Il ne me dit rien. Ça picote un peu. Mais j'ai peur de me faire mal.

– Ta peur a des raisons d'être là, ce sont tes pensées qui l'ont convoquée. Tu vas t'asseoir lentement en accordant toute ton attention à ton genou. C'est lui qui t'indiquera si tu risques de te blesser ou pas. *Concentre-toi sur ce que tu ressens.* »

Anil est attentif aux sensations dans son genou et peut ainsi prendre la posture qui est la plus agréable pour lui. Une fois confortablement assis, le maître les invite à observer leur respiration le temps de retrouver leur calme et il dit ceci :
« Vous ne le savez peut-être pas, les enfants, mais votre corps sait parfois plus de choses que votre tête. Il connaît vos besoins et il tente de communiquer avec vous pour vous donner de précieuses informations. Il est important de *l'écouter* pour *répondre à vos besoins*. Je vous invite à vous laisser guider par les sensations de votre corps. Ressentez-vous des tensions dans vos muscles, des picotements, des gargouillements, ou autres choses ? Concentrez-vous sur ces sensations. Votre corps peut vous indiquer si vous êtes mal assis, si votre respiration se fait normalement ou si quelque chose la gêne. Mais aussi si vous avez froid, ou chaud ou soif ou si vous êtes fatigués. Écoutez-le bien. »

Anil et Dahoé, les yeux fermés, *dirigent leur attention* vers toutes les parties de leur corps, à la recherche d'un signal sensoriel. Ils explorent les moindres recoins de leurs pieds, de leurs mollets. Puis vérifient les genoux, les cuisses. Ils écoutent leur ventre, leur cage thoracique, leurs épaules, leurs bras, leur cou, leur tête. Tout y passe !

Lorsque Jangbu fait tinter les clochettes pour annoncer la fin de l'expérience, Anil est presque déçu de devoir quitter son corps. Il s'y sentait si bien !

Le maître des Sakyas leur demande si *leur corps a communiqué avec eux* et s'ils ont pu comprendre les signaux. Dahoé a senti l'effort qu'elle a demandé à son corps pour soutenir Anil blessé. Elle dit au maître qu'elle s'est servi du souffle pour détendre ses muscles endoloris. Elle ajoute qu'il lui faudra sans doute surveiller sa gorge qui semble légèrement irritée. Peut-être a-t-elle pris froid. À ces mots, elle se souvient de la raison de leur visite et demande à Anil de remettre leur cadeau à Jangbu. Anil avait tricoté une chaussette bleue et jaune et Dahoé avait trouvé un peu de laine verte pour la sienne.

Maître Jangbu est très touché par leur geste.
« Ces chaussettes sont très originales, uniques au monde. Elles sont un cadeau du cœur. Merci les enfants. Je penserai à vous lorsqu'elles réchaufferont mes pieds. »

Les enfants se lèvent en faisant très attention à leur corps. Anil a envie de savoir comment s'y prendre pour passer de la position assise à la position debout sans blesser son genou. Dahoé, quant à elle, a tant appris qu'elle décide de ne pas quitter son corps et de sentir *toutes les sensations* pendant leur retour vers leur village. Ses yeux lui signifient qu'elle est fatiguée et le ventre d'Anil gargouille très fort pour lui signaler qu'il est temps de le remplir.

Fin du troisième épisode

Les émotions frappent à notre porte

Le lendemain, Anil propose à Dahoé de ramener une part de leur déjeuner à Jangbu. Pour une fois, il veille à ne pas finir le contenu de son bento. Et lorsque le maître sonne la cloche pour indiquer la fin de l'école, les deux enfants se dirigent vers la forêt. Anil devance Dahoé de quelques mètres et manque de trébucher de nouveau sur la même souche que la veille. Il retrouve son équilibre mais son bento tombe et son repas atterrit par terre. Dahoé ne peut retenir un cri, et de colère elle lui dit :
« Mais ne peux-tu pas faire attention ? Pourquoi as-tu besoin de tout faire si vite ? Tu vois le résultat, maintenant ! »
Anil ne retient pas ses larmes. Ils s'étaient privés d'une partie de leur déjeuner pour venir en aide à Jangbu. Par sa faute, tout est gâché. Dahoé, un peu honteuse d'avoir réagi de la sorte, console son ami. Puis ensemble, ils reprennent le chemin de la clairière.

Le maître des Sakyas les entend s'approcher et les invite à s'asseoir.
« Que se passe-t-il, les enfants ? Avec quelle émotion venez-vous à moi aujourd'hui ? »
Anil lui dit qu'il est *triste* et Dahoé répond qu'elle est en *colère*.
« Comment pouvez-vous être sûrs qu'il s'agit bien de la tristesse ou de la colère ? Les avez-vous rencontrées en personne ? »

Dahoé, surprise par la question du vieil homme, ne sait quoi répondre mais finit par dire :
« Je le sais parce que ma tête me le dit. Je suis en colère parce que nous avions gardé une part de notre déjeuner pour vous et qu'Anil l'a fait tomber.
– Ah je vois, dit le sage. Et si nous demandions à notre corps, plutôt que d'écouter notre tête ? Je vous invite à fermer les yeux et à écouter ce que votre corps a à dire. *Y a-t-il des tensions dans votre corps ?*
– Oui. Mes épaules sont dures comme de la pierre, répond Anil.
– Je vois, dit Jangbu. Quoi d'autre ?
– J'ai le cœur gros, un peu comme s'il était rempli de larmes, dit Dahoé.
– Bien, et ailleurs dans le corps ?
– J'ai comme une boule dans le ventre, elle est coincée là, dit Anil, en touchant son estomac. »
– Bien, l'encourage encore le vieux sage.
– Comment ça bien ? Il n'y a rien de bien à cela ! s'étonne le jeune garçon.
– Détrompe-toi, mon garçon. C'est bien de le remarquer. Car c'est une émotion qui cherche à te communiquer un *message*. Elle voudrait que tu lui ouvres la porte. Seriez-vous d'accord pour rencontrer les émotions qui toquent à votre porte ? »

Dahoé et Anil acquiescent d'un mouvement de tête.
« Alors, maintenant, je vous invite à vous servir du pouvoir de votre souffle. Reliez-vous à votre respiration là où vous la sentez. Observez un moment le mouvement de va-et-vient de votre respiration. Puis amenez votre souffle aux endroits où vous sentez des tensions ou d'autres sensations. Laissez l'air traverser vos épaules, puis votre ventre ou votre cœur. Quand vous faites cela, *vous accueillez votre émotion*. Un peu comme si vous lui ouvriez votre porte. Elle peut ainsi vous délivrer son message et repartir. »

Anil et Dahoé suivent les instructions du maître et sentent petit à petit leur corps se détendre.
Le vieil homme fait tinter des clochettes puis il leur demande ce qui se passe en eux maintenant.
Dahoé dit qu'elle se sent mieux. Son cœur lui a indiqué qu'elle était plus triste qu'en colère. Triste, coupable et honteuse d'avoir mal réagi quand Anil a fait tomber le bento.
« Et de quoi as-tu besoin maintenant ? lui demande Jangbu
– Peut-être qu'Anil accepte de me pardonner ? »
Anil accepte de bon cœur, d'autant qu'il a également besoin de se pardonner. Il a compris qu'il était à la fois en colère contre lui-même, triste de ne pouvoir partager leur repas et triste aussi de faire tant de bêtises.
Le maître, très touché par la générosité des enfants, les invite à revenir le lendemain pour déguster ce que la forêt leur offrira.

Fin du quatrième épisode

Le secret des sens

Avec enthousiasme, après une longue journée à l'école, Anil et Dahoé arrivent sous le grand banyan. Le maître des Sakyas a préparé un repas digne des contes de fées. Des feuilles de bananiers tapissent le sol. Des coques de noix contiennent des baies de différentes couleurs : des rouges, des blanches, des violettes ; sur des feuilles d'érable jaunes, des fruits et des légumes sont coupés en rondelles. Dans un bol d'écorce, ce qui semble être des champignons cuits dégagent une forte odeur. Il y a aussi du lait de dri, la femelle du yack sauvage qui n'est pas facile à approcher. Les enfants sont étonnés de voir autant de nourriture en pleine forêt. Ils observeront désormais la forêt avec plus d'attention.

Le maître des Sakyas les invite à observer, sans chercher à reconnaître les aliments. Il leur donne comme consigne de saisir une des baies et de la *regarder* avec curiosité. Puis de *se servir de tous les autres sens* pour la découvrir. La baie de Dahoé est rouge et brillante. Elle peut voir une forme à l'intérieur, peut-être un pépin. Celle d'Anil dégage un parfum doux, boisé et sucré. Leurs oreilles ne leur révèlent pas grand-chose, mais les textures sont différentes. La baie de Dahoé est douce et ferme, alors que celle d'Anil est rugueuse et molle.

Quand le maître invite les enfants à déposer la baie dans leur bouche, Anil s'empresse de la croquer et de l'avaler.
« Hum, c'est délicieux dit-il, je peux en prendre une autre ? »
Le vieil homme regarde Anil, lui sourit et dit :
« Anil, mon cher enfant. Que peux-tu dire du goût de cette baie ?
– Elle était délicieuse !
– Il s'agit là d'un jugement, pas d'un fait. Recommence le rituel et prends ton temps à chaque étape pour affiner ce que tu ressens. Si tu brûles une des étapes pour aller plus vite, tu ne profites pas vraiment de ce que tu fais. Pour découvrir tout ce qui est caché, il est important d'avoir *tous tes sens en éveil.* »

Anil recommence chacune des étapes et se rend compte assez rapidement que cette baie qui ressemble beaucoup à la précédente n'est pas vraiment la même. Sa couleur, sa taille et sa texture sont différentes, son parfum aussi. Quand Anil dépose délicatement la baie dans sa bouche, avant même de faire quoi que ce soit, il se rend compte qu'il peut sentir son parfum depuis sa bouche. Sa langue a aussi le pouvoir de sentir la texture et de façon bien plus fine que ses doigts. À chaque pression qu'Anil exerce sur la baie, il se produit une *explosion de sensations*, comme un feu d'artifice. Dahoé, qui était méfiante devant le bol de ce qu'elle pensait être des champignons, s'aperçoit qu'en découvrant avec ses sens, *sans jugement et sans interprétation,* cet aliment a un goût nouveau et intéressant.

Après ce grand festin, les enfants rentrent en direction du village. Sur le chemin, Anil prend son temps. Il marche lentement, très lentement pour découvrir comment son corps s'y prend pour marcher. Le jeune garçon se rend compte combien la marche est une action complexe. Pourtant, il n'a plus besoin de réfléchir. C'est devenu automatique. C'est bien pratique de ne plus se demander comment marcher, mais Anil se rend compte qu'il fait beaucoup de choses de façon automatique. Manger de façon automatique lui fait oublier *l'importance de ses sens*. Agir sans prendre le temps de réfléchir lui fait faire ou dire des bêtises, parfois. Anil réalise combien chaque étape est importante.

Fin du cinquième épisode

Les pensées sont comme des bulles de savon

Le jour suivant, en chemin vers la clairière, les enfants décident de prendre leur temps pour observer les trésors cachés de la forêt. Ils marchent lentement et s'arrêtent souvent pour regarder *avec attention*.
Anil et Dahoé arrivent près du banyan avec le cœur plein de toutes ces merveilles qu'ils ont découvertes sur le chemin. Le vieil homme invite les enfants à écouter le son des clochettes, puis les sons de la forêt, puis le silence entre les sons.

Dahoé s'agite, elle change de position, ouvre les yeux, les referme.
« Que se passe-t-il, Dahoé ? lui demande Jangbu
– Je n'y arrive pas. Il y a trop de bruit dans ma tête. Je n'entends pas le chant des oiseaux ni les pas des animaux, et encore moins le silence.
– Ah, je vois. Et si tu ouvrais la porte à toutes ces pensées qui se bousculent ? Et si tu les *autorisais* à être là et à partager l'espace avec tout le reste ? Il y a tes pensées dans ta tête, mais aussi les sons de la forêt, le tintement des clochettes et le silence aussi. Sans suivre une pensée en particulier, ni le chant d'un oiseau, *tu les laisses être là*, apparaître et disparaître, comme des bulles de savon. *Tu te contentes de les observer.* »

Dahoé est surprise de constater qu'en essayant d'arrêter de penser, le bavardage dans sa tête était encore plus important et le volume plus fort. Comme si en essayant d'arrêter quelque chose on lui donnait plus de force. À la fin de l'exercice, Dahoé dit au sage qu'elle ne pouvait pas s'arrêter de penser à ce qui s'était passé à l'école. Son ami a été chahuté par quelques élèves. Elle était à la fois triste, en colère et honteuse de n'avoir pas su intervenir pour l'aider.

Anil est touché d'entendre que son amie voulait l'aider. Il la remercie et lui dit qu'il n'a pas été blessé par les paroles des élèves parce qu'il sait que les enfants peuvent dire des mots méchants quand ils ne comprennent pas ou quand ils ont peur. Il ne leur en veut pas. Et il sait aussi que son attitude peut parfois agacer.

À ces mots, le maître des Sakyas remercie Anil pour le regard qu'il porte sur ses camarades. Puis il invite les enfants à revenir demain après l'école. Jangbu doit rentrer dans son village et souhaite enseigner une dernière chose aux enfants.

Fin du sixième épisode

La bienveillance commence avec soi-même

Lorsque les enfants arrivent près de l'arbre géant, Jangbu leur donne une feuille d'arbre en forme de cœur et dit ceci :
« Ce qu'Anil a dit hier m'a rappelé combien il était important de *regarder avec notre cœur* et non avec nos yeux. Notre cœur voit le beau, il ne juge pas. Je vais vous inviter à vous asseoir, puis à coller ce cœur contre votre poitrine et à fermer les yeux pour mieux vous relier à votre corps. Concentrez votre attention sur votre respiration et laissez-vous guider par elle jusqu'à votre cage thoracique, là où se trouvent tous les organes vitaux. Tout l'air qui entre dans votre poitrine est filtré par ce cœur offert par la nature. Lorsque vous inspirez, *vous inspirez de l'amour*, et lorsque vous expirez, tout ce qui est noir, toutes les pensées qui vous jugent s'envolent avec l'air qui sort de votre corps. Inspirez de l'amour, du réconfort, de la lumière, et expirez les critiques, les pensées négatives, les pensées qui vous limitent en vous faisant croire que vous n'êtes pas capables ou que c'est trop dur. Ce ne sont que des pensées, elles ne disent pas la vérité. Alors, laissez-les sortir avec l'air de votre souffle. Absorbez de l'amour, puis faites rayonner cet amour de vous-mêmes vers les autres. Inspirez, emplissez-vous d'amour et diffusez-le autour de vous. Pour pouvoir donner de l'amour, être bienveillant avec les autres, les regarder avec le cœur, il nous faut *commencer par nous aimer et nous accepter tels que nous sommes,* avec nos qualités et nos difficultés. La bienveillance commence par soi-même. »

Lorsque le maître des Sakyas fait tinter les clochettes, les enfants sentent une pointe dans leur cœur. C'est sans doute la dernière fois qu'ils les entendent. La dernière fois qu'ils voient Jangbu. Ils se lèvent lentement comme pour profiter de cet instant et se dirigent vers leur maître. Tous trois se serrent fort dans les bras.

Les enfants se souviendront toute leur vie des enseignements précieux du maître des Sakyas. Ils ont tant appris d'eux-mêmes, des autres et de la nature. Anil apprend encore à ralentir et à *s'arrêter avant d'agir*. Dahoé, quant à elle, apprend à se regarder et à *regarder les autres avec son cœur*. Tous deux ont compris que porter attention à ce qui se passe en eux, leurs sensations, leurs émotions ou leurs pensées, mais aussi autour d'eux, avec leurs sens en éveil et leur cœur ouvert, est la clé du bonheur.

Toi aussi, deviens un enfant présent et conscient !

Dahoé et Anil souhaitent te faire découvrir cet apprentissage au travers d'expériences, de petits exercices et de jeux, mais aussi de véritables méditations comme celles enseignées par le maître des Sakyas. Serais-tu partant pour vivre cette aventure en pleine conscience ?
Avant de commencer cette aventure, il te faut connaître **les 9 attitudes** à adopter pour devenir un véritable maître de la pleine conscience.

1 - L'intention

Pour apprendre à être attentif, il faut tout d'abord avoir l'intention, c'est-à-dire, la volonté de faire attention et d'être vraiment présent à l'expérience que tu vis.

2 - Le non-jugement

Dans le conte, Dahoé n'a pas vraiment d'amis avant de rencontrer Anil. C'est probablement parce qu'elle a tendance à juger l'attitude des autres enfants mais aussi elle-même. « C'est bien/pas bien, c'est beau/moche/mauvais... » : ce sont des jugements. Ils empêchent de t'aimer et de t'accepter tel que tu es, avec tes qualités mais aussi tes difficultés. Le jugement est un filtre. Tu vois les choses comme tu crois qu'elles sont et non comme elles sont vraiment. La perfection n'existe pas. Pas plus chez toi que chez les autres. Alors sois ouvert à tout le monde et aux expériences qui, chaque jour, sont différentes.

3 - La patience

Nous avons pu constater qu'Anil est souvent impatient. Il aime faire les choses vite et passer rapidement à l'action suivante. Lorsque tu es pressé de faire quelque chose ou de terminer une tâche, tu n'es pas là où tu dois être. Tu passes à côté d'une expérience qui aurait pu être agréable ou d'un bel apprentissage. La patience est un super-pouvoir qui te fait grandir.

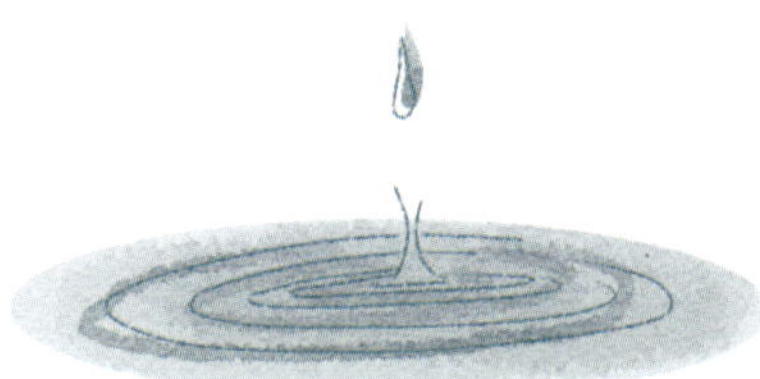

4 - L'esprit du débutant

Cette attitude est magique car elle permet de redécouvrir les choses et les personnes avec une curiosité renouvelée. Les choses et les personnes changent, et ton regard et tes goûts aussi. La deuxième baie d'Anil était très différente de la première car il la redécouvre avec plus de curiosité encore. Lorsque Dahoé observe et goûte avec un regard neuf l'aliment dans le bol, elle est agréablement surprise. Si elle n'avait pas suivi les consignes de Maître Jangbu, elle n'aurait jamais imaginé qu'elle pouvait aimer les champignons. Quel dommage ! Pour les personnes, c'est pareil. Leur attitude ne les définit pas. Une personne peut avoir des mots blessants, par maladresse ou en réaction à une émotion, mais cette attitude ne fait pas d'elle une personne méchante. Alors accorde un regard neuf chaque jour, à chacun et à chaque chose. Un peu comme si la nuit effaçait ce qui s'était passé la veille.

5 - La confiance

Anil découvre lorsqu'il se blesse le genou qu'il peut faire confiance à son corps. Dahoé apprend également à écouter son corps et à se faire confiance. Elle fait confiance à Maître Jangbu quand il lui propose d'observer sa respiration. Et cela lui permet de reprendre ses esprits et de trouver une solution pour rentrer au village. Ton corps sait ce qui est bon pour toi, fais-lui confiance.
Aie aussi confiance en toi, en tes capacités, puisque tout est question d'entraînement ; mais aussi, aux autres, en leurs qualités et en leur capacité à changer ; en la nature qui nous a conçus et qui continue à donner naissance à tout ce qui est bon pour notre planète ; et au hasard qui fait souvent si bien les choses, que l'on peut aussi appeler « univers », « énergies », « lumières », « rencontres » ou « Dieu », selon les croyances de chacun.

6 - Le non-effort, le non-agir

Anil est très souvent dans l'action et l'effort avant sa rencontre avec le maître des Sakyas. Vouloir arriver au sommet, les yeux rivés sur la cible, nous empêche de voir les trésors qui se cachent sur le chemin. Nous prenons le risque de trébucher. Lorsque nous pratiquons la pleine conscience, nous ne cherchons pas à réussir quelque chose ou à arriver quelque part. Te concentrer sur ta respiration, sur les sensations dans ton corps ou tes pensées demande de l'entraînement. Mais comme il s'agit de constater ce qui se passe dans l'instant, lorsque tu es toi-même, ce n'est pas véritablement un effort.

7 - L’acceptation

Lorsque l’événement est arrivé, nous ne pouvons pas revenir en arrière. Ainsi, quand Anil fait tomber le repas de Jangbu, il n’y a pas de solution dans l’instant. Si Dahoé avait accepté cette situation, elle n’aurait pas ressenti de la colère ; elle n’aurait pas dit des mots blessants à Anil et ne se serait pas sentie honteuse, triste, et coupable par la suite. Accepter ce que tu ne peux changer permet de ne pas réagir immédiatement, mais de réfléchir plus tard à une solution.

8 - Le lâcher-prise

Anil serait bien resté dans son corps lorsqu’il fait l’expérience de l’exploration corporelle. Il s’y sentait si bien. Mais il ne sert à rien de s’accrocher aux choses agréables. Elles finissent toujours par disparaître et laisser la place à une nouvelle expérience. Et c’est bien ainsi ! Il ne sert à rien non plus d’essayer d’empêcher quelque chose. Dahoé en fait l’expérience lorsqu’elle veut arrêter de penser pour pouvoir écouter les sons de la forêt et le silence. Elle s’aperçoit que plus elle essaie de ne pas penser, plus le volume de ses pensées est fort. C’est seulement après avoir accepté ses nombreuses pensées qu’elle peut aussi entendre le reste. Le lâcher-prise nous libère de notre besoin de contrôle et de perfection.

9 - La gratitude

Anil se rend compte que la marche est une action complexe réalisée par son corps de façon automatique. Ralentir, voire s’arrêter parfois, pour observer, féliciter ton corps et le remercier de tout ce qu’il fait pour toi, est une bonne façon de prendre soin de toi. Et nous avons vu à la fin du conte que prendre soin de soi est la voie de la bienveillance et donc de l’amitié et de l’amour.

Toutes ces attitudes viennent du cœur et elles sont liées les unes aux autres. De la même façon, notre esprit, notre cœur et notre corps sont liés, tout comme nous sommes liés aux autres humains, aux animaux et à la nature en général.

Es-tu prêt, jeune apprenti, pour cette nouvelle aventure ?

30 jeux et activités

à pratiquer sans modération

Et maintenant, voici venu le temps de la pratique pour devenir un maître de la pleine conscience.

Ces activités t'invitent à découvrir le fonctionnement de ton corps, de tes émotions, de ton esprit et leur lien indissociable. Plus tu en apprendras sur toi, mieux tu comprendras les autres et plus tu vivras en harmonie. Voici une leçon qui te servira toute ta vie : que tu veuilles juste t'améliorer dans un domaine ou devenir un expert, il est nécessaire de t'entraîner souvent. N'oublie pas les 9 attitudes à adopter et exerce-toi, encore et encore.

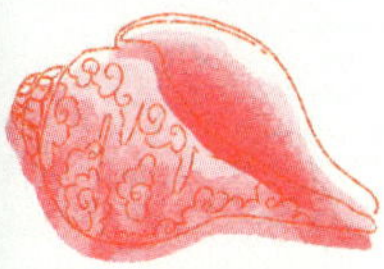

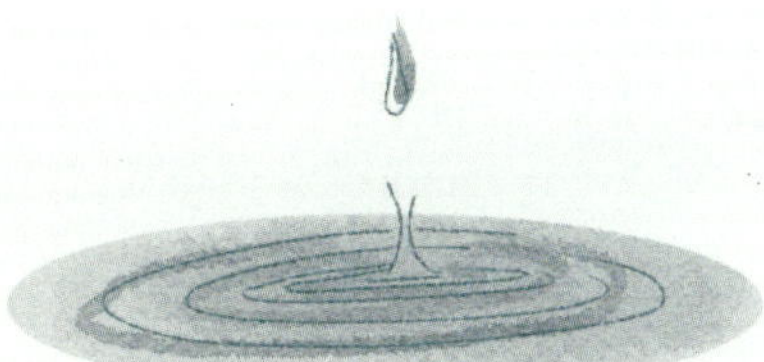

Le souffle

Tu vas commencer par observer ton souffle.

1
À partir de 4 ans

De ton nez vers ton ventre

Matériel : **un tapis par personne**

- Place tes doigts devant ton nez, inspire fortement, fais entrer l'air dans ton corps, puis souffle et sens l'air chaud sortir par ton nez. Recommence 3 fois.
- Puis ferme les yeux et concentre-toi sur tes doigts et ton souffle. Remarque si quelque chose a changé. Inspire puis expire (souffle avec le nez) encore 3 fois. Prends ton temps.
- Quand tu as fini d'expérimenter les mouvements de l'air dans ton nez, tu peux t'allonger sur le dos, poser une main sur ton ventre et fermer les yeux. Lorsque l'air entre, ton ventre se gonfle ; lorsque l'air sort, il se dégonfle. Sens ton ventre bouger avec ta respiration.
- Sens-tu le mouvement de ta respiration ailleurs dans ton corps ?
- Quand tu as bien senti l'air entrer et sortir dans ton corps, tu peux ouvrir les yeux, l'exercice est terminé.

2
À partir de 4 ans

La posture pour bien sentir la respiration

Matériel : **un tapis ou un coussin par personne**

- Installe-toi sur un coussin ou un tapis, assieds-toi en tailleur, pose tes mains sur tes cuisses, puis replie-toi de façon à rapprocher ta tête du sol. Tu es comme un escargot dans sa coquille.
- Fais attention à ta respiration. Sens toutes les parties de ton corps qui bougent lorsque l'air entre et sort. Sens ce qui se passe en toi dans cette position. Comment se fait ta respiration ?
- Maintenant, le petit escargot que tu es devenu va avancer doucement sa tête et la relever lentement. Ton dos se déroule. Tu es assis, le dos droit. Ta tête est tirée vers le haut comme si quelqu'un la soulevait par les antennes du petit escargot. Ressens maintenant comment se fait ta respiration. L'air peut-il entrer et sortir plus facilement ? Et comment est ta position ? Est-ce confortable pour toi ? Prends le temps de le ressentir. [...]*
- Cet exercice est terminé, tu peux reprendre ton corps d'enfant.

** Le lecteur fait une pause pour expérimenter avec les autres lorsque ce signe [...] apparaît.*

Les sensations du corps

Je te propose de découvrir les signaux extérieurs et intérieurs que ton corps t'envoie. Comme tu l'as compris, ton corps t'alerte quand tu as besoin de quelque chose, ou pour te dire si ce que tu fais, entends, manges, touches, sens ou vois est bon ou mauvais, agréable ou désagréable pour toi.

3
À partir de 6 ans

Les messages et les réflexes

Matériel : **un bol avec des glaçons, un tapis de bain ou un torchon pour éponger le sol si besoin après l'exercice**

- Ferme tes yeux et tends ta main. [Distribuer un glaçon à chacun.]
- Ressens ce qui se passe pour toi. Tu peux peut-être avoir un réflexe, une réaction incontrôlée, immédiate. Remarque-le avant d'agir et écoute le message, les sensations de ta peau. Ta peau t'alerte et tes pensées s'en mêlent. [...] Mais toi, tu sais qu'il n'y a aucun danger.
- Alors, tu vas essayer de déplacer ton attention : des sensations dans ta main vers ta respiration. Ta main est toujours tendue et le glaçon commence peut-être à fondre avec la chaleur de ta peau. Sens-le une dernière fois, puis tu approches l'autre main de ton nez et tu sens l'air chaud sur le bout de tes doigts pendant 3 respirations.
- Puis tu retires ta main et tu sens l'air entrer et sortir dans ton nez. Tu sens peut-être tes narines bouger. Et maintenant, tu vas sentir ta respiration dans ton ventre ou dans tes poumons qui se gonflent quand l'air entre et se dégonflent quand il sort. Reste concentré sur le mouvement de ta respiration dans ton corps pendant au moins 5 respirations. [...]
- As-tu oublié le glaçon ? Tu peux désormais le remettre dans le bol et observer ta main. Tu viens d'apprendre à ressentir et comprendre le message de ta peau, mais aussi à ne pas réagir immédiatement et à déplacer ton attention d'une sensation désagréable vers ton souffle. Bravo, petit magicien !

4
À partir de 5 ans

Les limites et le souffle

- Debout, les pieds un peu écartés, place tes bras le long de ton corps. Sens le sol sous tes pieds et relâche tes épaules. Lentement, tu écartes les bras et tu les montes perpendiculairement à ton corps, comme si tu étais une croix. Et tu les laisses comme ça un moment. Tu ressens tes bras, tes épaules, tes mains, tes pieds, tes jambes, ta respiration dans ton ventre. [...]
- Maintenant, concentre-toi sur les sensations de tes bras pendant 60 secondes. Tu restes immobile et si tu sens que cela devient désagréable ou si tu penses lâcher, ramène ton souffle à l'endroit des sensations. Tu imagines que l'air frais traverse tes bras, tes épaules, tes mains si besoin. À chaque fois que tu inspires, l'air vient soulager tes muscles et lorsque tu expires, c'est à dire que l'air sort de ton corps, tu sens tes muscles se détendre. Mais pour cela, il te faut faire sortir tout l'air de ton corps, lentement.
- Essaie de rester dans cette position aussi longtemps que tu le peux. Mais n'oublie pas de tester la magie de ton souffle pour prendre soin de toi, et non pour repousser tes limites trop loin. Reste en lien avec ton corps qui saura te dire « stop ». Tout est une question d'équilibre entre les véritables sensations de ton corps, celles provoquées par tes pensées et ton souffle.

5
À partir de 4 ans

Les mouvements en conscience

Matériel : **un tapis par personne**

Cet exercice te permet de te relier à ton corps en sentant toutes les sensations externes et internes.

- Prends place sur le tapis, assis en tailleur, le dos droit. Tu peux poser tes mains sur tes cuisses ou tes genoux, puis tu prends une forte inspiration et tu sens l'air traverser ton corps. Tu bloques ta respiration quelques secondes, puis tu souffles lentement avec le nez ou la bouche. Et tu recommences au moins 3 fois.
- Puis, lentement, tout en respirant normalement, tu montes tes bras. Tu les colles à tes oreilles, puis sans décoller les fesses du sol, tu vas étirer ton corps vers le haut, comme si tu voulais toucher le plafond avec tes doigts. Tu remarques si ta respiration se fait normalement. Tu sens les parties de ton corps qui sont tendues et celles qui sont détendues. [...]
- Puis tu colles tes mains et tu sens peut-être tes bras serrer ta tête. Tout doucement, toujours les mains collées, tu vas plier tes coudes jusqu'à ce que tu touches ta tête avec la base de tes mains.
- Puis tu déplaces tes mains collées vers ton front. Tu les laisses glisser vers ton nez, ta bouche. Tu les descends et viens les placer au milieu de ta poitrine.

Tu baisses légèrement le menton. Et dans cette position, tu sens le mouvement de ta respiration en comptant jusqu'à 10.

- Puis tu places tes mains sur le tapis derrière toi et tu soulèves le bassin. Tu respires. Tes bras son tendus et tu essaies de tirer encore un peu sur tes cuisses pour monter encore le bassin vers le haut. Tu restes en lien avec tes sensations.
- Puis tu reposes tes fesses au sol. Tu te penches doucement vers l'avant sans oublier de respirer. Tu places tes mains sur le sol devant toi et, lentement, tu les fais glisser le plus loin possible vers l'avant. Tu poses la tête sur le tapis entre tes bras. Tu t'aides de ta respiration pour aller plus loin. À chaque fois que tu souffles, tu t'étires encore vers l'avant. Tu inspires sans bouger, puis tu t'allonges quand tu expires. Quand tu sens que ton dos et tes bras sont bien étirés, l'exercice est terminé.

6
À partir de 6 ans

Les sensations imaginaires

Matériel : **un tapis par personne, un citron**

Le citron est placé à la vue de tous mais ne sera pas touché.

- Assieds-toi, le dos droit, les épaules relâchées, tes mains sur tes cuisses et ferme les yeux.
- Maintenant, tu vas imaginer prendre le citron dans ta main. Tu sens les sensations de sa peau, sa fraicheur peut-être aussi. [...] Tu peux le rapprocher de ton nez et imaginer sentir son odeur. [...] Maintenant, tu vas t'imaginer que tu le coupes en deux et que tu le croques à pleines dents. Se passe-t-il quelque chose dans ta bouche ou ailleurs dans ton corps ?

Tu viens de vivre une expérience de lien entre ton corps et ton esprit. Ton corps a réellement eu l'impression que tu croquais dans ce citron. Ton esprit peut donc le tromper. Apprends à rester vigilant en te demandant si les sensations que tu ressens sont réelles ou bien le fruit de ton imaginaire.

Le secret des sens

La plupart des supers-héros ont au moins un sens très développé : des yeux qui voient très loin, des oreilles qui entendent des sons très faibles ou très lointains. Certains peuvent même voler ! Tu ne vas pas apprendre à voler. Pas réellement. En revanche, tu vas développer tes sens en étant attentif à chaque détail.

7
À partir de 4 ans

Les sons

Matériel : **un coussin ou tapis par personne, des clochettes Tingshas ou un bol tibétain, un verre à pied, une cuillère en métal, des baguettes chinoises, une boîte vide, des billes en verre.**
Soyez créatifs si vous n'avez pas tout le matériel proposé à votre disposition.

Dans cet exercice, tu vas écouter les sons sans chercher à deviner de quoi il s'agit. Assis en tailleur sur le coussin, tu fermes les yeux, tu ouvres tes oreilles, mais aussi ton corps pour accueillir les vibrations des sons.

[Émettre un son à trois reprises avec chaque objet, en laissant le temps de bien écouter. Laisser des silences entre les sons.
- Tapoter sur la boîte avec un doigt ou deux.
- Tapoter sur la boîte avec une baguette.
- Entrechoquer les baguettes entre elles.
- Entrechoquer deux billes entre elles, puis plusieurs.
- Laisser tomber une bille et la laisser rouler.
- Tapoter le verre à pied avec la cuillère, à plusieurs endroits différents.
- Faire tinter les clochettes ou le bol tibétain.]

Quel effet cela fait-il d'écouter sans juger, sans chercher à savoir de quoi il s'agit ?

8
À partir de 8 ans

Observer avec tous nos sens en éveil

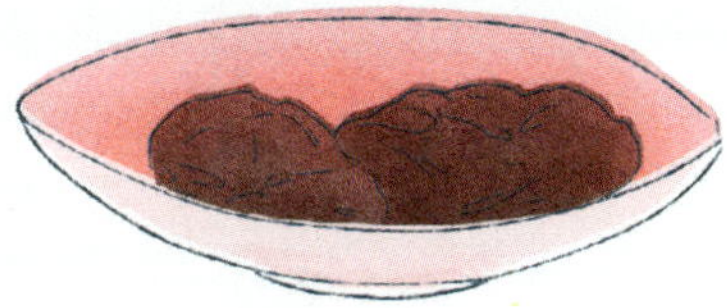

Matériel : **deux grains de raisin sec et un coussin par personne.**

• Assis, tu fermes les yeux et tu vas imaginer qu'un super-héros t'apprend à voler. Tu voles dans l'espace, tu observes les planètes autour de toi. [...] Regarde le beau spectacle qui s'offre à toi. [...] Puis tu décides de te poser sur Uranus. Tu atterris, assis en tailleur, tes mains sont posées sur tes cuisses, paumes vers le ciel. Et à un moment, tu vas sentir que quelque chose tombe dans ta main. Tu gardes les yeux fermés jusqu'à ce que l'on te dise de les ouvrir. [Distribuer deux raisins à chacun.]

• Dans un instant, tu vas découvrir ces objets avec tous tes sens. Tu as le droit de te servir uniquement de mots pour décrire les objets. Il est interdit de dire ce à quoi cela te fait penser, ou de juger (c'est bon, c'est moche, ou ça sent mauvais), ni même de dire « je n'aime pas ». Jamais son nom ne sera prononcé.
• Maintenant, tu peux ouvrir les yeux et dire ce que tu vois. [Chacun à son tour, on décrit tous les détails qu'on voit sur les deux objets.]
• Puis tu vas approcher un objet de ton nez et décrire ce que tu sens. Tu peux comparer les deux odeurs. [Animer la discussion.]
• Ensuite, tu l'approches de tes oreilles et tu écoutes. Attention, pour entendre, il faut être silencieux. Peut-être que tu peux le faire rouler et le presser légèrement entre deux doigts. [...]
• Une fois que tu as bien écouté, tu vas te servir de tes doigts pour décrire les sensations au toucher de l'un, et de l'autre. [...] Puis tu peux toucher un des objets avec les lèvres et décrire ce qui est différent. Ensuite tu le touches avec la langue. Enfin, tu mets l'objet dans ta bouche et tu le fais tourner avec la langue. Tu décris ce qui se passe. Tu peux peut-être le presser contre ton palais et sentir si c'est mou ou dur ou sentir autre chose. Puis tu le serres entre tes dents sans le croquer.
• Maintenant, tu vas pouvoir décrire le goût de ce que tu as dans la bouche. Prends ton temps, ne l'avale pas. Décris encore toutes les sensations. Puis quand il ne restera presque plus rien dans ta bouche, tu pourras l'avaler en le sentant descendre dans ta gorge et suivre le chemin de ton estomac.
• Tu peux refaire la fin de cet exercice avec le deuxième, ou pas. C'est toi qui décides.

Les messages secrets des émotions

Dans cette partie, tu vas apprendre à ressentir l'émotion qui apparaît dans ton corps. Elle veut te délivrer un message. Si tu ne l'entends pas, elle va s'agiter et grandir en toi, ou revenir plus tard plus intensément. Alors, pour ton confort, va à sa rencontre tant qu'elle ne prend pas trop de place.

9
À partir de 6 ans

Les 4 émotions primaires

Matériel : **des feuilles à dessin, des feutres**

Dessine 4 bonshommes avec une très grosse tête. Chacun représente ce qui se passe sur ton visage quand tu ressens cette émotion. Place aussi des croix ou autre chose pour indiquer où tu sens cette émotion dans ton corps.

la tristesse **la colère** **la peur** **la joie**

10
À partir de 4 ans

Le coussin de la colère

Matériel : **un gros coussin blanc assez dense, des feutres**

Dessine un joli monstre sur ton coussin. Et chaque fois que le niveau de ta colère est élevé, tu peux frapper très fort dans ton coussin. Tu as également le droit de crier dedans. Tu peux lui dire tout ce qui traverse ton esprit. Le monstre de la colère connaît tout ça, il comprend.

11
À partir de 6 ans

Mon refuge

Matériel : **Tout ce qui peut servir à fabriquer une cabane**

- Choisis un endroit où tu peux te réfugier sans être dérangé : sous ton bureau ou ton lit, sur ton balcon, au fond du jardin, dans le grenier ou la cave... Fabrique une cabane ou une tente. Tu peux utiliser du carton, des boîtes à chaussures que tu empiles pour former un mur, de vieux draps...
- Une fois que tu as fabriqué ton refuge, dépose ton coussin de colère, un doudou ou une couverture douce, une lampe torche, un petit carnet pour noter ce que tu ressens ou de quoi dessiner, ton livre préféré, un jeu de type casse-tête ou un solitaire... Bref, tout ce que tu veux. Ce refuge est ton espace. Tu peux t'y rendre à chaque fois que tu le souhaites. Quand tu ressens de la tristesse ou de la colère, ou tout simplement si tu as besoin d'être tranquille.

12
À partir de 7 ans

Le baromètre des émotions

Matériel : **une feuille cartonnée, une paire de ciseaux, un double décimètre, des feutres**

- Trace un rectangle de 15 cm sur 3 cm sur le carton. Fais un trait tous les 3 cm sur la hauteur. Tu as ainsi 5 parts égales que tu peux colorier du plus clair au plus foncé et noter les chiffres de 1 à 5. Par exemple, 1 : rose pâle, 2 : rose-rouge, 3 : rouge, 4 : rouge-marron, 5 : noir. Puis découpe-le.
- Trace un autre rectangle de 4,5 cm sur 3 cm. À 0,5 cm du bord en haut et en bas du rectangle, fais deux traits de 3,2 cm.
- Découpe le rectangle. Plie-le en deux dans le sens de la largeur et découpe les traits (pointillés). Attention à ne pas découper au-delà du tracé.
- Trace un nouveau carré de 4,5 cm. Plie-le en deux, de manière à former un triangle. Découpe à l'endroit du pli. Colle-le ou agrafe-le au haut du carré noir.

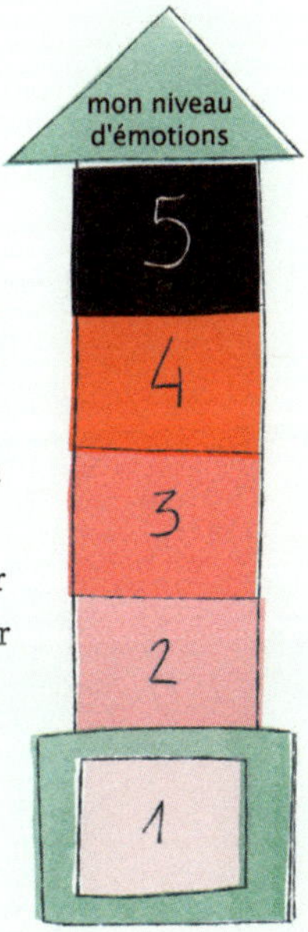

- Fais glisser le petit rectangle par le bas vers le rectangle rose pâle. La partie du milieu se situe derrière, afin de bien voir les chiffres de ta frise.

Tu as maintenant le moyen de mesurer le niveau de ton émotion. Si tu es en colère niveau 1, on pourra dire que tu es un peu agacé ; niveau 2, tu es très agacé ; niveau 3, ta colère commence à être élevée ; niveau 4, tu es énervé et le niveau 5, très énervé. Tu peux exprimer le niveau de toutes tes émotions. Il est important de dire ce que tu ressens, même si le niveau de ton émotion est à 1. Plus le niveau monte, plus il est difficile de l'exprimer avec des mots. C'est souvent notre corps qui finit par l'exprimer pour nous. Et dans ce cas, nous n'avons plus le contrôle.

13
À partir de 7 ans

La cocotte à émotions

Matériel : **une feuille de papier A4, des feutres, une paire de ciseaux**

Fais une cocotte en suivant les indications ci-dessous.

- Une fois ta cocotte formée, fais un cœur d'une couleur différente sur chacun des 8 triangles.
- Chaque couleur va cacher des phrases. Soulève les triangles pour écrire les phrases suivantes :
  - Raconte la fois où tu as ressenti de la tristesse.
  - Raconte la fois où tu as ressenti de la joie.
  - Décris les sensations de la peur (dans ton corps).
  - Décris les sensations de la colère.
  - Mime le dégoût.
  - Mime la sérénité.
  - Dis l'émotion que tu ressens maintenant.
  - Devine l'émotion que j'imite (celui qui tient la cocotte mime une émotion).

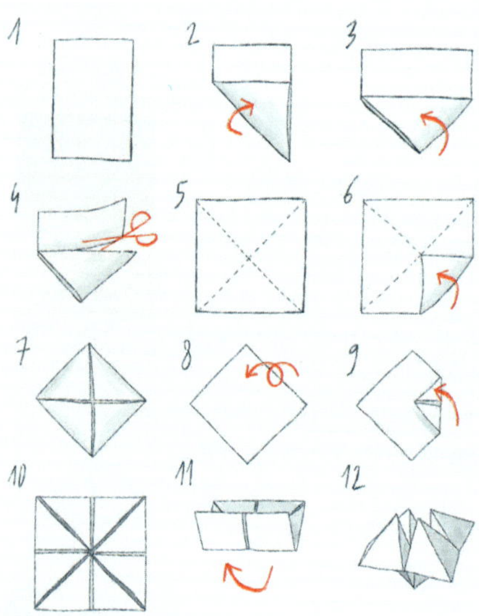

Et maintenant, tu peux jouer avec ta famille ou tes amis. Chacun choisit un cœur et répond à sa question. Vous pouvez jouer autant de fois que vous voulez. Amusez-vous bien…

Les pensées

Notre cerveau fabrique des pensées vagabondes : le bavardage de l'esprit. Elles sont incontrôlables et parfois prennent trop de place. Elles déclenchent des émotions, alors même qu'il ne s'agit pas forcément de la vérité. Tu vas ici apprendre à t'en méfier et à les laisser s'envoler.

14
À partir de 4 ans

Les bulles de savon

Matériel : **un tube à bulles rempli d'eau savonneuse**

- Ce n'est sans doute pas la première fois que tu fais des bulles. On ne va donc pas t'expliquer comment faire, mais juste te proposer de réfléchir à des choses qui t'embêtent, te tracassent, te font peur, ou te mettent en colère.
- Puis tu vas souffler et déposer ton souci dans une bulle. Une fois que la bulle a enfermé ton souci, tu la regardes s'envoler au loin. Tu recommences autant de fois que tu le souhaites.
- Tu peux mettre tout ce que tu veux dans tes bulles. Le plus important est de prendre ton temps pour bien réfléchir à ton problème et le regarder s'envoler.

15
À partir de 7 ans

Les filtres des pensées

Matériel : **3 vieux protège-cahiers de différentes couleurs, un compas et un décimètre, ou un verre et un crayon, une paire de ciseaux, un feutre indélébile, une perforeuse, une attache parisienne**

- Sur un des protège-cahiers, trace un cercle de 6 cm environ (écarte le compas de 3 cm), ou trace le contour d'un verre pour avoir un beau cercle. Fais pareil sur les deux autres protège-cahiers.
- Découpe les 3 cercles.
- Écris sur les cercles : « vrai » ; « utile » ; « gentil ».
- Assemble-les et fais un trou avec la perforeuse près du bord (mais pas trop près). Fixe l'attache parisienne.

Lorsque tu veux dire quelque chose sur quelqu'un, regarde cette pensée à travers ces filtres. Est-ce vrai ? Est-ce utile ? Est-ce gentil ? Ta pensée est intéressante si elle répond aux 3 critères. Si ce n'est pas le cas, ne lui accorde pas d'importance.

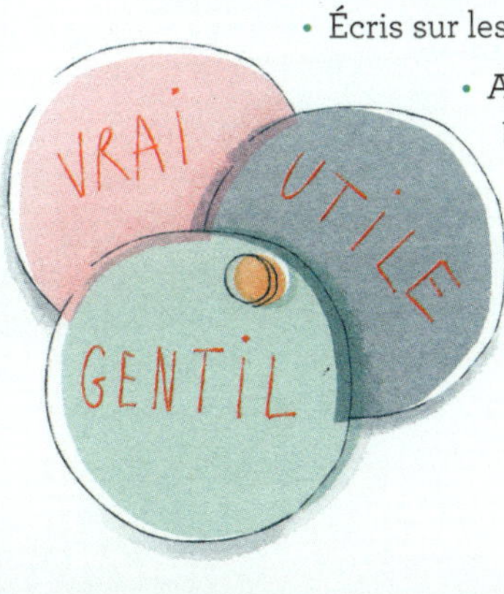

16
À partir de 7 ans

La boîte à ruminations

Matériel : **Une boîte à chaussures, des feutres, un tube de colle, du papier cadeau ou blanc ou crépon, des objets de décoration (plumes, lettrages, gommettes, paillettes…)**

Les ruminations sont des pensées qui te tracassent, des soucis, des envies que tu ne peux satisfaire. Ces pensées reviennent souvent à ton esprit parce que tu n'as pas de solutions ou que tu ne comprends pas.

- Fabrique ta boîte : recouvre-la entièrement ainsi que son couvercle (séparément) du papier que tu as choisi. Demande à tes parents de faire une fente sur le couvercle avec un cutter (comme pour une tirelire). Colle des lettres ou écris sur le côté : ***Ma boîte à ruminations***. Finis de décorer ta boîte avec les objets que tu as choisis et des dessins.
- À chaque fois que tu as des ruminations, tu les écris sur un bout de papier. Tu réfléchis à une solution et si tu n'en trouves pas, tu déposes ton papier dans la boîte. Puis, quand tu auras du temps, tu pourras tirer un papier au hasard et réfléchir à une solution, ou demander de l'aide à quelqu'un.
- Si tu trouves une solution, tu peux jeter le morceau de papier. Si tu n'as toujours pas de solution, ta pensée peut retourner dans la boîte. Ainsi elle n'occupe pas tout ton esprit mais tu sais où la trouver en cas de besoin.

17
À partir de 8 ans

Des pensées plein la tête

Matériel : **une boule à paillettes ou à neige**

Parfois, tu peux avoir l'impression qu'il y a dans ta tête tout un tas de pensées qui partent dans tous les sens et t'empêchent d'y voir clair. Il se passe dans ta tête un peu ce qui se passe dans la boule à neige.

- Secoue la boule et observe ce qui se passe quand les paillettes ou la neige bougent dans tous les sens. Tu ne dois pas y voir très clair à l'intérieur. Maintenant, pose la boule et observe ce qui se passe. Les paillettes ou la neige se posent au fond de la boule et tu peux y voir plus clair, n'est-ce pas ?
- Quand cela t'arrive, tu peux t'asseoir et laisser tes pensées se poser dans un coin de ta tête pendant que tu retrouves ton calme intérieur en comptant tes respirations. Tu prends une inspiration profonde puis tu souffles lentement. Tu recommences au moins 10 fois.
- Puis tu observes si la tempête dans ta tête s'est calmée. Si tes pensées virevoltent toujours en tous sens, tu peux recommencer à compter tes respirations jusqu'à ce que ce soit plus calme et plus clair dans ta tête.

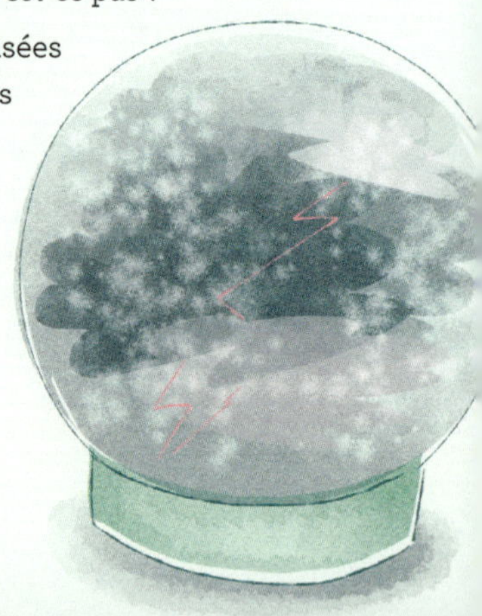

La bienveillance

Sans que l'on sache vraiment pourquoi, nous avons tendance à être très durs et exigeants envers nous-mêmes. Et cette dureté que l'on s'impose rejaillit aussi sur les autres, surtout sur les êtres qui nous sont proches : nos parents, nos frères et sœurs, nos enfants. Et c'est bien dommage. Apprends à être bienveillant envers toi-même et tu verras ta relation avec les autres s'améliorer.

18
À partir de 4 ans

L'auto-massage pour prendre soin de soi

- Debout, les pieds légèrement écartés, prends le temps de sentir le contact du sol sous tes pieds. [...] Lève les bras lentement [...] et lorsque tes mains sont au plus haut, rapproche-les, puis descends-les au niveau de la poitrine. Prononce ce mot de gratitude, en t'inclinant légèrement : *Namasté*. Reste un moment comme cela en prenant 2 ou 3 inspirations profondes, en soufflant lentement.
- Puis frotte tes mains énergiquement jusqu'à ce que tu les sentes chauffer. [...] Et avant que la fumée n'apparaisse, pose les paumes de tes mains sur tes yeux. Reste quelques secondes comme cela, tout en faisant attention à ta respiration. Puis laisse tes mains glisser lentement le long de ton visage. [...]
- Frotte de nouveau tes mains l'une contre l'autre. Et lorsqu'elles sont bien chaudes, tu les poses sur tes yeux. Tu respires normalement. Puis, avec tes doigts, tu dessines de légers petits cercles sur tout ton visage. Tu commences par le front, les tempes, les pommettes, les joues, les mâchoires, jusqu'au cou. Puis tu masses la nuque en formant des petits cercles et tu remontes vers le crâne et là, tu masses ta tête avec tes doigts à un rythme lent, puis plus énergique, puis de nouveau lent.
- Quand tu as fini, tu frottes encore tes mains, puis tu fermes les poings et tu les tournes, pouces et index vers le ciel. Si tu regardes bien, ton index et ton pouce forment un escargot. Tu frottes les escargots l'un contre l'autre. Puis quand ils sont bien chauds, tu les poses sur le bas de ton dos, séparés par la colonne vertébrale et tu masses le bas de ton dos en formant des petits cercles.
- Puis, quand tu en as assez, tu frottes de nouveau tes mains et lorsqu'elles sont chaudes, tu les places sur ton ventre. Tu frottes ton ventre en déplaçant tes mains, l'une à droite et l'autre à gauche et tu reviens.
- Puis, quand ton ventre en a bien profité, tu frottes une dernière fois tes mains. Puis tu formes deux petits bols avec tes mains. Tu vas ensuite délicatement mais énergiquement tapoter tout ton corps (sauf la tête) en commençant par les pieds, puis en remontant le long des jambes, des fesses, du dos. Puis tu tapotes gentiment le ventre, le torse et enfin les bras et tu finis par les épaules.
- Tu viens de remercier ton corps pour tous les services qu'il te rend. *Namasté*.

19
À partir de 6 ans

Le médaillon des pensées limitantes

Matériel : **une ficelle, une feuille cartonnée, une pièce de 2 €, un crayon, des feutres, une paire de ciseaux et une grosse aiguille**

- Sur la feuille cartonnée, trace un cercle en faisant le contour de la pièce de monnaie. Dessine ton visage sur une des faces, un cœur sur l'autre face. Découpe le cercle.
- Découpe un morceau de ficelle suffisamment long pour faire un long collier. Fais un trou dans ta médaille avec la grosse aiguille. Fais passer la ficelle dans le trou puis ajuste la longueur en faisant un nœud.
- Tu as autour du cou un collier à mauvaises pensées. Chaque fois que tu te critiques, que tu as des pensées dures, méchantes, exigeantes envers toi-même, comme par exemple : « Je suis nul », « Je suis moche », « Je n'y arriverai pas », « Je ne sais rien faire », « Je suis trop bête », « Je ne fais pas comme il faut », « Les autres sont meilleurs que moi »... tu regardes les deux faces de ton médaillon et ainsi tu t'envoies de l'amour. Il est important d'être ton meilleur ami en n'écoutant pas ces pensées parasites qui ne disent pas la vérité.

20
À partir de 4 ans

La douche chaude

Matériel : **une chaise, un bandeau**

- Un enfant s'assoit sur la chaise. Pendant qu'une personne lui recouvre les yeux avec un bandeau, tout le monde réfléchit à quelque chose de gentil à dire à l'enfant sur la chaise.
- Chaque personne chuchote à son tour ses mots doux à l'oreille de l'enfant.
- Après sa douche chaude, l'enfant peut laisser sa place à une autre personne.

21
À partir de 7 ans

Les « mots cœurs »

Matériel : **une feuille de papier A4, des feutres, du scotch**

- Dessine et colorie 9 gros cœurs sur la feuille. Prends toute la place. Découpe les cœurs.
- Garde tes cœurs précieusement. Et de temps en temps, écris un mot doux pour une personne en particulier ou pour toutes les personnes qui le liront. Par exemple : « Maman, je t'aime » ou « Papa, tu es le plus courageux » ou tout simplement « Merci ».
- Tu peux donner ton cœur directement à la personne à qui tu l'adresses ou bien tu peux le coller sur le frigo, sur la porte d'entrée, ou le déposer sur un oreiller.

22
À partir de 4 ans

La feuille à vœu

Matériel : une feuille d'arbre et un peu de vent

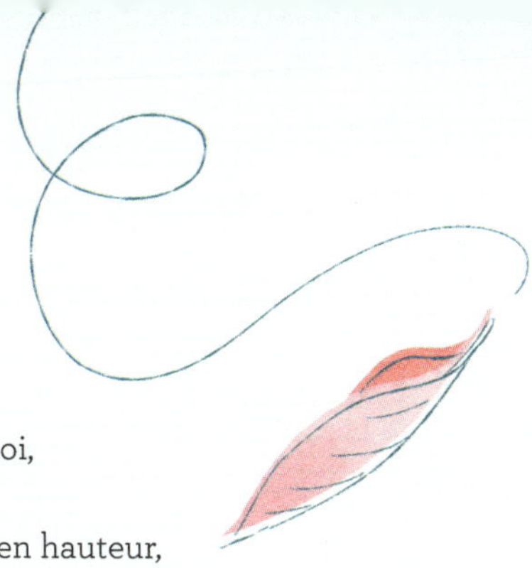

- Lors d'une balade, mets-toi en quête de trouver une jolie feuille, plutôt légère. Lorsque tu as trouvé ta feuille, pense à quelque chose que tu aimerais avoir ou faire, de tout ton cœur. Ce vœu ne peut concerner que toi, il ne peut impliquer une autre personne.
- Une fois que tu es sûr de ton vœu, cherche un endroit en hauteur, une colline ou bien chez toi, à l'étage. Pose la feuille sur ton cœur et par la pensée, tu lui confies ton vœu.
- Puis tu la lâches et tu la regardes s'envoler. Sa mission est désormais de réaliser ton vœu. Tu peux lui faire confiance. Tu n'as pas choisi cette feuille par hasard. Elle a un pouvoir magique, celui de réaliser les vœux les plus chers. Il ne va pas se réaliser tout de suite, ni peut-être demain, mais un jour, quand tu n'y penseras plus. Aie confiance en ta feuille et en la vie.

23
À partir de 7 ans

L'échelle de ton mieux

Matériel : une feuille cartonnée, des feutres, un trombone

- Dessine une échelle de 25 cm de haut et 5 cm de large. Découpe-la.
- Trace un carré de 5 cm. Écris à l'intérieur « Mon Mieux » et dessine des ailes sur les extrémités. Découpe-le.
- Il est important de faire les choses de ton mieux. Mais ton mieux n'est pas toujours au même niveau. Parfois tu es fatigué, parfois tu as l'énergie d'un lion. Cette échelle va te permettre de mesurer le niveau de ton mieux. Ainsi, quand ton mieux sera au plus bas, tu ne pourras t'en vouloir d'avoir été moins performant. Et lorsqu'il sera à son maximum, tu pourras donner tout ce que tu as d'énergie pour exceller.
- Tu peux mesurer ton mieux sur une échelle de 1 à 5 avant ou après une épreuve.

Entraînement pour petits bouddhas

Tu vas apprendre ici à être attentif à ta respiration, mais aussi à te concentrer. Pour cet exercice, il te faut être silencieux et immobile. Tu es comme une statue mais bien vivant à l'intérieur.

24
À partir de 4 ans

Retour au calme

Parfois quand tu es très excité, tu vas un peu trop loin, tu n'arrives plus à t'arrêter et à retrouver ton calme. Quand cela arrive, tu peux faire ce petit exercice. Mais tout d'abord, pose-toi cette question : De quoi ai-je besoin (de boire, de courir, de faire un câlin, de calme, de jouer encore ...) ?

- Réponds à ce besoin, si tu le peux.

Puis trouve un endroit au calme et assieds-toi ou allonge-toi. Remarque les parties de ton corps qui bougent encore. Maintenant, ferme les yeux et remarque tout ce qui se passe dans ton corps. Dans ton cœur [...], dans ton ventre [...], dans tes jambes [...], sur ton visage [...]. Et tes mains, sont-elles tendues ou détendues ?

- Et maintenant, tu vas amener de l'air dans tout ce corps. Lorsque l'air entre, il rafraîchit ton corps quand il sort, tes muscles se détendent. Sens-le. Inspire, expire profondément. Inspire, expire. Laisse ton souffle baisser la température de ton corps. Tu es comme sur un nuage et le doux mouvement du vent te berce.
- Quand tu sens que l'excitation a laissé sa place à la sérénité, tu peux ouvrir les yeux et reprendre une activité à un rythme plus serein qui te permettra de mieux en profiter.

25
À partir de 5 ans

Le bouton "pause"

Matériel : **des clochettes, un tapis et un coussin par personne.**
Recommandations : **lire très lentement et expérimenter pendant les pauses indiquées par ce signe [...]. Il faut pratiquer en même temps pour ajuster le rythme.**

Clochette

Assieds-toi, ferme les yeux et observe. Il s'agit d'observer en ressentant les sensations. Vérifie que ton dos est droit, tes épaules relâchées. Observe ce que font tes mains. Et tes pieds, que font-ils ? [...] Maintenant je vais te demander d'imaginer un bouton «pause» quelque part sur ton corps. S'il y avait un bouton pour te rendre immobile, pour que tu arrêtes immédiatement ce que tu es en train de faire, ou ce à quoi tu es en train de penser, où serait-il ? Sur ta bouche, ton menton, ton ventre, ton bras ? Réfléchis et quand tu as trouvé la place idéale de ton bouton «pause», active-le. Appuie sur ton bouton. Et à partir de là, tu arrêtes tout. Tu ne bouges plus, tu restes tranquille et calme, les yeux fermés. [...] Puis tu te refugies dans ton ventre pour suivre le doux mouvement de ta respiration. Ton ventre se gonfle et se dégonfle avec ton souffle. Il se gonfle, se dégonfle. Reste-là un moment à ressentir le mouvement de ta respiration. Tu n'as rien d'autre à faire. [...] Tout ton corps respire, sens-le. **[Rester silencieux pendant au moins 1 minute.]**
Es-tu toujours avec ta respiration ou bien t'es-tu laissé distraire par un bruit à l'extérieur ou par tes pensées qui te font voyager loin de ton corps ? [...] C'est normal, cela arrive souvent. Il suffit de remarquer que tu as quitté ton corps pour y revenir. À chaque fois que tu t'es laissé distraire, tu le remarques et tu reviens à ton souffle, et c'est ainsi que tu muscles ta concentration. Encore et encore. [...] Où sens-tu le doux mouvement de ta respiration ? [...] Reste-là, présent à toi-même pendant encore un moment, et lorsque tu entendras les clochettes, tu pourras ouvrir les yeux. Mais tu garderas à l'esprit ton bouton «pause» que tu peux actionner à chaque fois que tu as l'impression de perdre le contrôle de ton corps, de tes émotions ou de ton esprit. Mais pour que cela fonctionne, rappelle-toi qu'il te faut t'entraîner souvent. [...]

Clochette

26
À partir de 7 ans

Bien dormir

Quand tu n'arrives pas à dormir, c'est souvent que tu penses à ce qui ne s'est pas bien passé dans la journée ou à ce qui pourrait mal se passer demain. Peut-être aussi que tu as peur de ne pas t'endormir, et cette peur crée des pensées envahissantes. Toutes ces pensées sont incontrôlables. En effet, on ne peut pas s'arrêter de penser. En revanche, il est possible de laisser notre esprit bavarder sans lui accorder de l'importance. Ces pensées deviennent des murmures et parfois, elles disparaissent. Pour cela, il suffit de déplacer ton attention de tes pensées vers ton souffle.

Allonge-toi confortablement dans ton lit, la lumière éteinte. Place tes bras le long du corps ou sur ton ventre. Puis tu te relies à ta respiration en fermant les yeux. Tu sens l'air entrer et sortir. L'air entre puis sort. [...] Ton corps se soulève à chaque inspiration et s'enfonce dans le matelas à chaque expiration. Concentre-toi sur les mouvements de va-et-vient de ta respiration dans ton corps. Sens ton corps s'enfoncer un peu plus, après chaque respiration. [...] Si des pensées viennent perturber ta concentration, remarque leur présence, comme si tu entendais des personnes bavarder au loin. Ne cherche pas à entendre ce qu'elles disent. Reste concentré sur le doux mouvement de ton souffle. Une pensée apparaît ; c'est normal, ne t'en préoccupe pas, elle va disparaître comme elle est apparue. Seul ton souffle compte. Reste avec le va-et-vient de ton souffle, avec ton corps qui respire. Ton corps qui se gonfle quand l'air entre, puis se dégonfle quand il sort. Tu respires normalement et tu remarques tout ce qui bouge avec ton souffle. Observe bien les mouvements de ta respiration. Il n'y a pas une inspiration qui ressemble à une autre, ni une expiration semblable à la précédente. [...] Remarque-le.
Ton matelas flotte sur un lac peu profond d'un bleu transparent. Tu sens les mouvements de l'eau qui te bercent. Tu es bien, détendu. Ton corps est entièrement relâché. Tout va bien se passer. Tu peux rester là autant de temps que tu le souhaites. Tout va bien. Reste avec ton souffle, sur ton matelas qui flotte. Tu es bercé par ce doux mouvement. Dors bien.

27
À partir de 8 ans

Apprivoiser sa colère

Ta colère est une messagère. Comme toutes les émotions, elle apparaît pour t'alerter sur ce qui se passe. La colère intervient quand il y a une injustice ou quand tu en as l'impression. Parfois c'est toi qui penses que c'est injuste, mais ce n'est pas vraiment une injustice. Parfois tu peux croire qu'il est injuste de ne pas faire seulement ce que tu veux : arrêter de jouer ou de faire ce que les adultes demandent, par exemple. La colère fait toujours son travail de messagère, que ce soit une véritable injustice ou pas. C'est pourquoi, il est important de te demander ce qui te met en colère. Il faut savoir aussi que la colère est la grande sœur des autres émotions et peut être tournée contre toi-même, surtout quand tu ne t'es pas respecté. Si tu ne dis pas quand tu es triste, ou si tu attends trop longtemps pour dire «STOP» quand quelqu'un t'embête, ou si tu ne t'aimes pas assez, ta colère est là pour te dire à toi : «STOP, ça suffit, respecte-toi ou fais-toi respecter.» Cette colère prend souvent la forme d'une tornade. Il est difficile de la calmer quand elle s'est déclenchée. Alors voici ce qu'il faut faire en cas de colère.

- Tout d'abord, il faut apprendre à la repérer dans le corps. Où la sens-tu habituellement dans ton corps au tout début, avant qu'elle ne soit à son niveau maximum ? Dans ton ventre, ton cœur, tes mains, ailleurs ? Et quelles sont les sensations déclenchées par cette colère ?
- Maintenant que tu sais la reconnaître, il te faut t'entraîner à la repérer au tout début, quand les sensations ressemblent plus à des pincements qu'une envie de hurler ou de frapper. Lorsque les premiers signes apparaissent, demande-toi ce qui est injuste, puis dis-le à la personne qui peut être à l'origine de cette injustice ou à une autre personne qui pourrait t'aider à réparer l'injustice.
- Si jamais tu n'as pas vu ta colère arriver et qu'elle atteint son niveau maximal à la vitesse de l'éclair, cours vers ton refuge et utilise ton coussin de colère. Puis quand tu t'es apaisé, tu peux aller voir la personne et lui expliquer ce que tu as ressenti et pourquoi. Vous trouverez sûrement une solution ensemble.

28
À partir de 5 ans

La bobothérapie

- Lorsque tu te fais mal, en tombant par exemple, tes sensations, émotions et tes pensées se mélangent très vite. Au départ, tu es sûrement surpris. Il est possible que tu aies mal, mais ce n'est pas toujours le cas. Souvent, tu as plus peur que mal. Et sais-tu pourquoi ? Eh bien, c'est parce que tes pensées s'en mêlent. À la vue de ta blessure ou à la sensation d'une douleur, ton esprit se met à imaginer des choses plus graves les unes que les autres : l'hôpital, la fracture, la piqûre... Et au final, même si tu n'as pas si mal que ça, tu te mets à hurler, pleurer et paniquer parce que tes pensées ont réveillé la peur.
- Et pour la renvoyer dans son lit, sais-tu ce qu'il faut faire ? Il faut rassurer ton esprit. Te dire que sans boule de cristal, tu ne peux savoir ce qui va arriver. Et pour éviter d'entendre ces pensées, réfugie-toi dans ton corps avec l'aide de ta respiration. Tu peux compter tes respirations si cela t'aide.

29
À partir de 5 ans

Le gros chagrin

Il arrive parfois qu'un événement nous bouleverse. Quand cela arrive, ton esprit peut t'embarquer beaucoup trop loin. D'un événement triste qui ne dépend pas directement de toi, il pourrait te souffler que c'est trop injuste, ou que cela n'arrive qu'à toi, ou qu'il ne t'arrive que des malheurs, éventuellement que personne ne t'aime, ou je ne sais quoi encore qui n'a rien à voir avec ce qui s'est passé. Au lieu d'écouter ton esprit, il est donc important de te relier aux sensations déclenchées par la tristesse, dans ton corps. Tu restes avec ta tristesse, là où tu la sens, le temps qu'il faut pour qu'elle reparte. Les larmes sont des perles de l'âme, elles purifient notre cœur, nous allègent de notre tristesse. Laisse-les sortir si besoin, tu te sentiras mieux. Demande-toi aussi si tu as besoin de t'isoler pour digérer cet événement ou plutôt d'un gros câlin.

30
À partir de 8 ans

Le stress de l'évaluation

S'il t'arrive de stresser avant un examen, une évaluation ou une compétition, c'est peut-être parce que tu veux être parfait, ne commettre aucune erreur, ou être le premier. Ou bien, tu as peur de ne pas y arriver parce que tu n'es pas bien préparé, que tu n'as pas assez révisé. Le rythme de ton cœur s'accélère, ton visage rougit et chauffe, ton corps tremble peut-être, ta gorge est serrée. Il y a beaucoup de bruit dans ta tête qui t'empêche d'y voir clair. Quand cela arrive, tu peux faire un exercice de cohérence cardiaque. Il s'agit d'un exercice de respiration le temps de t'apaiser et retrouver tes moyens.

- Tu inspires avec le nez profondément en comptant jusqu'à 8 dans ta tête.
- Puis tu souffles lentement avec la bouche en comptant jusqu'à 8.
- Tu peux visualiser une bulle qui monte quand tu inspires et qui descend quand tu expires.
- Et tu recommences autant de fois que tu en as besoin.

Trucs et astuces
pour un quotidien harmonieux

Apprendre à reconnaître ses besoins

Le corps nous alerte lorsque nos besoins ne sont pas satisfaits. Je nous invite désormais à l'écouter régulièrement et à mener notre enquête à chaque fois que nous ressentons des sensations. Quand on sait ce dont on a besoin, on peut réfléchir à une solution pour parvenir à résoudre son problème. Si notre besoin n'est pas dans la liste ci-après, c'est probablement qu'il s'agit d'une envie. Méfions-nous de nos envies, elles créent de la frustration mais il n'est pas indispensable d'y répondre pour être bien et heureux, contrairement aux besoins. Alors choisissons bien nos batailles !

Pour distinguer nos envies de nos besoins, aidons-nous de cette liste. Les besoins à satisfaire sont :

- les besoins physiologiques : se nourrir, boire, s'abriter, bouger, ressentir du confort physique ;
- les besoins de sécurité : se sentir à l'abri des menaces, se sentir en sécurité et en confiance avec les personnes qui nous entourent, se sentir protégé ;
- le besoin de plaisir : rire, s'amuser, jouer, avoir de la satisfaction et du plaisir à accomplir son travail, partager ;
- le besoin d'appartenance : faire partie d'un groupe, aimer et se sentir aimé, communiquer, échanger, se sentir accepté ;
- le besoin d'apprendre et le besoin de liberté : se réaliser, apprendre de soi, faire ses propres choix, accroître son potentiel, avoir un pouvoir d'influence ;
- le besoin de pouvoir et le besoin d'estime : se sentir compétent et en contrôle, être reconnu pour ses habiletés, aptitudes, qualités, performances, efforts, être écouté et compris, être apprécié et respecté.

Bien entendu, notre corps nous signale également lorsque nos besoins sont satisfaits. Les sensations agréables nous permettent de comprendre ce qui est bon pour nous. Faisons confiance à notre corps, il est un véritable baromètre.

Être pleinement conscient au quotidien

Voici des listes d'actions que nous pouvons répéter régulièrement. Chaque jour, choisissons une ou deux actions à réaliser. Et petit à petit, ce rituel deviendra naturel.

Écouter sa respiration

- ◯ **Je fais attention à ma respiration** 5 fois au cours de ma journée. Je sens l'air entrer et sortir de mon nez. Puis je sens l'air traverser tout mon corps et mon ventre se gonfler et se dégonfler.

- ◯ **J'appuie sur mon bouton « pause »** au moins 5 fois dans la journée. Dès que je remarque que je m'apprête à réagir, ou si je sens que le niveau de mon émotion monte trop vite, j'actionne mon bouton «pause». Je reste immobile et je me relie à ma respiration. Si je sens que cela m'aide à retrouver mon calme, je peux compter mes respirations. J'inspire profondément et j'expire lentement. (Voir activité 25, p. 51)

Écouter son corps et en prendre soin

- ◯ **Je salue chaque partie de mon corps.** Je me réveille en disant « Bonjour, je te salue gros orteil. Je vous salue doigts de pieds, et toi aussi talon. Bonjour cheville. Bien le bonjour Monsieur mollet… » Je remonte petit à petit tout mon corps sans oublier personne. Dans cet exercice, je fais appel à un super-pouvoir appelé proprioception. C'est ma capacité à savoir où se trouvent mes membres sans les voir, ni les toucher.

- ◯ **Je mange mon repas avec tous mes sens en éveil.** Même si j'ai très faim, je ne me précipite pas. Je me sers de mes 5 sens pour être vraiment là et savourer chaque instant. Puis je ressens de la gratitude en remontant toute la filière de la culture des ingrédients, jusqu'à la préparation du plat que je découvre comme si c'était la première fois.

- ◯ **Je prends soin de moi.** Je prévois une séance de bienveillance envers moi-même dans la journée. Je m'octroie un massage, un bain moussant, une séance de Yoga, un moment de paresse ou de câlins. Je fais ce qui est bon pour moi.

○ **Ce soir, je remercie ma famille corporelle.** Allongé dans mon lit, juste avant de m'endormir, je rends visite à **chaque membre de mon corps**. Je prends de leurs nouvelles et les remercie pour avoir accompli leur fabuleuse mission. Je commence ma visite par le haut de ma tête, je remercie mon cerveau, mes yeux, mes oreilles... et je continue ainsi lentement, membre par membre, jusqu'au bout de mes orteils. Je ressens une douce chaleur envahir mon corps du haut vers le bas au fur et à mesure de ma visite.

Être à l'écoute de ses émotions et de ses pensées

○ **Au cours de ma journée, je repère la présence d'une émotion** et remarque combien de temps elle dure. Mon corps m'alerte. Cette émotion peut apparaître à la suite d'un souvenir ou au moment où je dois faire quelque chose, ou bien lorsque j'entends ou vois quelque chose.

○ **Je mesure l'échelle de mon mieux et j'en tiens compte.** Si mon mieux est au top, je donne toute mon énergie dans ce que je fais. Si l'échelle de mon mieux est au plus bas, alors je donne ce que je peux, et je ne m'en veux pas si le résultat est moins bon que d'habitude. (Voir activité 23, p. 49)

○ **Je repère les pensées qui ne m'aident pas.** Il y a les pensées que je convoque pour apprendre, comprendre, retenir, calculer, lire, trouver une solution... et il y a mes pensées vagabondes. Celles-ci, je ne les contrôle pas. Je remarque leur apparition pour ne pas me laisser distraire par elles et j'apprends à m'en méfier puisqu'il ne s'agit que du bavardage de mon esprit.

○ **Je patiente.** À chaque fois que je trouve le temps long, ou si je m'impatiente, je le remarque, puis je souris parce que cela m'append à patienter. Je me sens grandir.

○ **Je peux recommencer.** Si je ne suis pas satisfait de moi, je souris puis je recommence. Sans chercher la perfection puisqu'elle n'existe pas, je m'accorde le droit de refaire encore et encore pour un meilleur résultat.

○ **J'apprends de mes erreurs.** Elles me permettent d'apprendre, de mieux comprendre. Je les accueille avec le sourire parce qu'elles me font grandir.

○ **Je m'applique.** Je ne cherche pas à faire vite pour passer à autre chose. Même si ce que je fais ne m'intéresse pas à priori, je m'efforce de prendre le temps pour bien le faire et être fier de moi.

○ **J'accueille tout** parce que je sais que tout change. La pluie laisse place aux éclaircies, les émotions désagréables ne durent pas. Je ne m'accroche pas non plus à l'agréable, car je sais qu'il laisse place à autre chose, parfois plus agréable encore, parfois moins agréable. J'accueille les choses désagréables car c'est le seul moyen de ressentir l'agréable quand il se présente à moi. Sans ombre, je ne peux voir la lumière.

Être soi-même et plus encore

○ **J'ose être moi-même.** Je suis authentique. Je ne fais pas semblant d'être quelqu'un d'autre pour avoir plus d'amis. Je ne me mens pas à moi-même ni aux autres. Je ne porte pas de costume ou de masque pour plaire ou ressembler aux autres. Je suis moi-même avec mes difficultés et mes qualités et c'est très bien ainsi.

○ **Je suis mon meilleur ami.** Je m'encourage pour me donner de l'énergie. Je remarque mes efforts et mes progrès, même s'ils me semblent tout petits. Je me félicite d'avoir fait de mon mieux.

○ **J'accepte mes difficultés et mes failles.** Aujourd'hui, je remarque s'il m'arrive de critiquer quelqu'un, de montrer du doigt un de ses défauts. Puis je regarde au fond de moi si ce que je reproche à l'autre n'est pas une de mes difficultés. Mettre un peu de lumière sur ce que cache notre ombre nous permet de mieux nous accepter tels que nous sommes, et être plus indulgents envers les autres et au final envers nous-mêmes.

○ **Je vois le bon côté de chaque chose.** Quand quelque chose de désagréable m'arrive, je cherche le positif dans cette situation.

○ **Je pense à sourire** au moins 10 fois aujourd'hui. Je peux me sourire à moi-même, aux passants dans la rue, ou à mes proches, mes amis et même à la personne qui m'embête parfois. Et j'observe les sensations dans mon corps et les pensées qui apparaissent lorsque je souris.

Être bienveillant envers les autres

○ **Je dis merci sincèrement** 5 fois aujourd'hui. Je réalise les efforts, le temps, le travail, la générosité qui ont été sûrement nécessaires à la personne qui a préparé mon déjeuner, balayé le trottoir, vidé les poubelles, fabriqué le stylo avec lequel j'écris, etc.

○ **J'écoute en silence et veille à ne pas couper la parole.** J'écoute jusqu'au bout et je laisse un petit temps de silence avant de répondre. Je ne cherche pas à deviner ce que la personne va me dire, ni à finir ses phrases pour elle.

○ **J'observe ce qui me lie aux personnes que je croise.** J'évite de penser à nos différences. Nous sommes tous uniques, mais nous avons beaucoup de choses en commun.

○ **Je ressens de la reconnaissance.** Aujourd'hui, je porte mon attention sur tout ce que les personnes font pour moi. Je leur en suis reconnaissant. J'étends ma reconnaissance à la nature qui me nourrit, m'abreuve et me permet de respirer. Je la remercie pour sa beauté qui m'émerveille.

○ **J'aide une personne.** Je propose mon aide à une personne qui me semble en avoir besoin. Je lui demande ce que je peux faire pour elle ou comment je peux l'aider.

○ **Je dis bonjour et souris à quelqu'un que je ne connais pas.** Au hasard de mes pas, je salue une personne sans la choisir. Je constate ce qui se passe en moi.

○ **Je participe à une tâche ménagère nouvelle.** Je demande à mes proches de me montrer ce que je peux faire : passer l'aspirateur, couper du petit bois pour la cheminée, changer les draps, lancer une machine à laver, cuisiner… Je m'applique pour faire de mon mieux.

○ **Je peux demander de l'aide.** Même si je préfère apprendre par moi-même, parfois demander de l'aide permet de prendre un chemin différent. Seul, je vais parfois plus vite mais à plusieurs, nous allons toujours plus loin. Demander de l'aide est une preuve de courage et d'humilité. Cela permet de valoriser celui qui aide et de ressentir de la gratitude, une très belle émotion.

◯ **Je dis quelque chose de gentil à quelqu'un.** Ce que je dis à la personne de mon choix sort du plus profond de mon cœur. J'y réfléchis un moment et je n'attends rien en retour. Je le fais pour moi.

Agir en pleine conscience sur son environnement

◯ **J'observe autour de moi la présence de fleurs sur le chemin.** Je marche lentement à la recherche de fleurs, ou toute présence de végétaux si j'habite en ville. Peut-être que de la mousse, des petites plantes ou des champignons ont repris leur droit sur les pavés ou les trottoirs. Je cherche le moindre signe de vie. Et je me rends compte de toutes les conditions qu'il a fallu réunir pour que ce petit bout de vie soit là, sous mes yeux.

◯ **Je plante un arbre.** Je récupère un noyau d'avocat. Je le nettoie à l'eau claire. Puis je plante horizontalement 3 cure-dents autour du noyau. Je place le noyau (pointe vers le haut) sur un verre rempli d'eau, la base du noyau devant être plongée dans l'eau. Je pose le verre dans une pièce chaude (20 °C environ). Il ne reste plus qu'à patienter, en ajoutant un peu d'eau lorsque celle-ci s'évapore (la base du noyau doit constamment être immergée). Au bout de quelques semaines, le noyau se fend verticalement, une racine apparaît, puis une tige : c'est le moment de planter le jeune arbre dans un pot rempli de terreau léger, en veillant à ne pas casser les racines. Je peux aussi ramasser des glands, des marrons et des châtaignes en octobre quand ils commencent à germer, et les planter directement dans du terreau à 5 centimètres de profondeur.

◯ **Je nettoie un espace vert.** Avec ma famille ou mes amis, j'enfile des gants et je remplis un sac poubelle d'au moins 30 litres avec tous les déchets (en papier, plastique ou verre, mégots...) que je trouve dans le parc ou la forêt que j'ai décidé de nettoyer.

À lire et à voir en famille

À LIRE POUR LES GRANDS

- Anaël Assier, *Les petites et grandes questions de Boris et Maurice*, Larousse, 2019.
- Aymeric Caron, *Vivant*, Flammarion, 2018.
- Collectif, *Transmettre : Ce que nous nous apportons, les uns les autres*, L'Iconoclaste, 2017.
- Delphine Chaumont-Aïdan, *Méditer en famille - 8 séances pour apprendre l'attention*, Hatier, 2019.
- Rick Hanson, Dr. Richard Mendius, *Le cerveau de Bouddha*, Pocket, 2013.
- Jon Kabat-Zinn, *Méditer - 108 leçons de Pleine Conscience*, Marabout, 2016.
- Frédéric Lenoir, *Méditer à cœur ouvert*, Nil, 2018.
- Lexa, Fabrice et Marc De Bonni, Axel Lattuada, *Changer le monde, ça tient qu'à nous - Et tout le monde s'en fout*, First, 2018.
- Isabelle Mante, *Méditer avec ses enfants*, Editions Jouvence, 2018.
- Claire Mizzi et Dr. Céline Tran, *Votre meilleur ami, c'est vous*, L'Iconoclaste, 2018.
- Eline Snel, *Calme et attentif comme une grenouille*, Les Arènes, 2017.
- Juliette Tronel-Mélois, *Méditation pour enfants - 12 séances à faire en famille en 7 minutes*, Hachette pratique, 2018.
- Fabrice Vidal, *Méditer - le bonheur d'être présent*, Editions Philippe Rey, 2019.

À LIRE POUR LES PETITS

- Isabelle Filliozat, Virginie Limousin, Eric Veillé, *Mes émotions*, collection «Les cahiers Filliozat», Nathan, 2016.
- Isabelle Filliozat, Virginie Limousin, Eric, *Colère et retour au calme*, collection «Les cahiers Filliozat», Nathan, 2017.
- Olivier Houdé et Grégoire Borst, *Mon cerveau, questions réponses dès 7 ans*, Nathan, 2018.
- Eline Snel, *Calme et attentif comme une grenouille, ton guide de sérénité*, Les Arènes, 2017.

À VOIR

- *Vice-versa* est un film d'animation américain réalisé par Pete Docter et Ronaldo Del Carmen en 2015.
- *Happy, la méditation à l'école* est un documentaire français d'Hélène Walter et Eric Georgeault, sorti en 2019.
- *Le cerveau des enfants, un potentiel* est un film documentaire français réalisé par Stéphanie Brillant, sorti en 2018.
- *Les pouvoirs du cerveau, notre intelligence dévoilée* est un film documentaire de 52 min réalisé par Amine Mestari et Cécile Denjean en 2015. Il est composé de deux parties : *Déchiffrer la conscience* et *Notre intelligence dévoilée*, et se trouve facilement sur diverses plateformes de streaming.

Sur Youtube

- *Le yoga du papillon*, postée par Les Arènes (décembre 2017), est une vidéo d'un extrait du cahier d'activité *Calme et attentif comme une grenouille*, d'Eline Snel.
  https://www.youtube.com/watch?v=OhVoG7TNVUc&feature=youtu.be
- *Une méditation guidée pour les enfants – Un cœur tranquille et sage*, postée par Les Arènes (août 2013), est une méditation vidéo pour les enfants issue du livre *Un cœur tranquille et sage* de Susan Kaiser Greenland.
  https://www.youtube.com/watch?v=CWRAe2b_ZhI&feature=youtu.be
- *Les 4 accords toltèques racontés aux enfants* est une vidéo illustrée postée par InspirActions (octobre 2015).
https://www.youtube.com/watch?v=9AmEbXcbPGE&t=3s
- *Et tout le Monde s'en fout* est une web-série créée par Fabrice de Bonni et Axel Lattuada diffusée sur Youtube depuis janvier 2017.
  https://www.youtube.com/channel/UC-2EkisRV8h9KsHpslQ1gXA

Dans la même collection

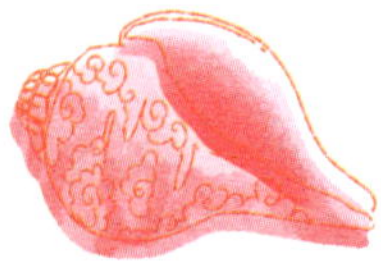

Pour plus de conseils et d'astuces, rendez-vous sur :

PARENTIPS

Développement de l'enfant, scolarité, vie quotidienne ou activités ; retrouvez de nombreux contenus d'experts pour les enfants de 0 à 14 ans.

www.parentips.fr

© Hatier - 8, rue d'Assas 75006 Paris
ISBN : 978-2-401-03501-0

Achevé d'imprimer par l'Imprimerie de Champagne à Langres - France
Dépôt légal : 03501-0/01 – Septembre 2020

PAPIER À BASE DE FIBRES CERTIFIÉES

Hatier s'engage pour l'environnement en réduisant l'empreinte carbone de ses livres. Celle de cet exemplaire est de : 350 g éq. CO_2
Rendez-vous sur www.hatier-durable.fr

IMPRIM'VERT
Votre imprimeur agit pour l'environnement